PANORAMA ITALIANO

CHARLES SPERONI

CARLO L. GOLINO

PANORAMA
ITALIANO

FOURTH EDITION

HOLT, RINEHART AND WINSTON   *New York   San Francisco   Toronto   London*

Library of Congress Cataloging in Publication Data
Speroni, Charles
  Panorama italiano.
    1. Italian language—Readers—Italy.
I. Golino, Carlo Luigi, joint author.
II. Title.
PC1127.I8S6 1980   458′.6′421   79-26301
ISBN 0-03-050601-8

7 8   090   9 8 7

CONTENTS

PREFACE TO THE FOURTH EDITION

In preparing this new edition of *Panorama italiano* we were greatly helped by the excellent suggestions made by many of our colleagues. The general purpose of the fourth edition remains the same as in previous editions—to give students a general view of Italian life and culture, and, at the same time, to introduce them to the language used in daily conversation as well as to the language used in more formal prose. We have made certain changes in the current edition, which we hope have improved and updated the text.

First of all, we have aimed to increase the variety of the reading selections, and to render the style of the conversational sections "più spigliato." We have increased the use of well-established everyday vocabulary words and idioms, and, in keeping with what was repeatedly suggested to us, we have glossed difficult words and idioms.

In the conversational as well as in the cultural readings, we have made a special point of including references to changing situations in Italian life and society and in the economy. In addition, we have removed certain chapters appearing in previous editions, condensed and reworked material in other chapters, added new passages throughout the book, and written two additional readings—one dealing with the Italian political situation, the other with the presence and influence of Italians in America. Further, we have appended to the end of several readings appropriate poems, quotations, and explanations.

As in previous editions, each reading text has a corresponding series of exercises, which, except for the section checking comprehension, are varied and entirely new. Many provide an opportunity for students to express opinions and encourage class discussion.

The number of chapters has been reduced from 45 to 43, and we have chosen illustrations which, we hope, relate better to the material in the readings.

We wish to thank our respondents for their suggestions and interest, and we hope that students and teachers will like this new edition of *Panorama italiano*.

1. Italian words are generally stressed on the next-to-the-last syllable (*amico*). No marking is used to show the stressed syllable in this type of words.
2. A final vowel that bears a written accent is always stressed (*università*).
3. In the text of this reader an inferior dot indicates stress in words other than those mentioned in paragraphs 1 and 2 (*rapido, rispondere*). No inferior dots have been used in the glosses at the foot of the page.
4. In the end vocabulary a more complete system of diacritical markings has been used. See the Foreword to the Vocabulary itself.

PANORAMA ITALIANO

ITALIA

POLITICA

1

QUANDO PARTE ROBERTO?

Roma: Santa Trinità dei Monti.

R oberto Hamilton è uno studente dell'Università di Stanford in California. È uno studente di ultimo anno che desidera tanto di andare a studiare in Italia. In questo momento è nello studio del signor Fulvio Ferri, maestro di pittura.

— E così, caro Roberto, Lei presto finisce gli studi qui a Stanford, e parte per l'Italia!

— Sì, caro maestro, fra due settimane finiscono le lezioni e *se Dio vuole* subito dopo gli esami parto per New York.

— Già, perchè non ci sono *voli* diretti per l'Italia da San Francisco.

— E anche perchè intendo passare una settimana a New York a casa di una zia.

— *Beato Lei!* Come sono belli i grattacieli di New York!

— Ma anche i musei sono belli, non crede?

— Certo! Il museo Guggenheim, il Museo di Arte Moderna, il Metropolitan . . .

— E, naturalmente, Lei, come tutti gl'Italiani, ammira anche il Lincoln Center, dove, durante la stagione lirica, cantano molti artisti italiani.

— È vero. Infatti, spesso penso al vecchio Metropolitan Opera House, che ora non esiste più. Quanti *ricordi!* Enrico Caruso, Titta Ruffo, Luisa Tetrazzini . . .

— Capisco perfettamente. Mia madre è italiana, e anche lei ricorda con nostalgia i grandi cantanti del Metropolitan.

— E, senza dubbio, i cantanti del Teatro dell'Opera di San Francisco.

— Ora, caro maestro, vado via perchè a casa c'è mia madre che aspetta. *Se crede*, ritorno domani per finire questo quadro.

— Benissimo. Domani mattina sono occupato, ma nel pomeriggio sono libero. Va bene?

— Benissimo. ArrivederLa, maestro.

— Arrivederci.

---

se Dio vuole *God willing*   voli *flights*   Beato Lei! *Lucky you!*   ricordi *memories*   Se crede *If it's all right with you*

2

STUDENTI STRANIERI IN ITALIA

Roma: Studenti seduti vicino al Colosseo.

R oberto come ricordiamo, è uno studente di ultimo anno in un'università americana. Studia arte all'università, e pittura col maestro Fulvio Ferri. Ma Roberto studia anche la lingua italiana. Roberto parla
5 italiano, *non solo* perchè studia questa lingua all'università, ma perchè la madre di Roberto, che è italiana, parla sempre italiano con Roberto. *Inoltre*, Roberto parla italiano anche con il signor Ferri.

Fra due o tre settimane, appena finiscono gli esami,
10 Roberto parte per Roma, dove desidera continuare gli studi d'arte all'Accademia di Belle Arti di Roma. Ogni anno molti studenti americani partono per l'Italia per studiare arte, letteratura o storia in una delle numerose città italiane. Alcuni studenti viaggiano *da soli*, come per
15 esempio Roberto. Altri viaggiano in gruppi più o meno grandi. Alcuni studenti restano solamente due o tre mesi in Italia, altri studiano in una data università anche sei mesi o un anno.

Molte università americane mandano un certo numero
20 di studenti a molte università in varie città italiane. Ma molti studenti frequentano indipendentemente corsi per stranieri, specialmente durante i mesi di giugno, luglio o agosto. Fra i vari centri per stranieri sono importanti quelli dell'Università di Firenze e dell'Università di Pe-
25 rugia. Ma troviamo altri centri per stranieri anche a Siena, a Pisa, a Milano, e altrove. L'Università di Siena, per esempio, durante l'estate ha una scuola di lingua e cultura italiana per stranieri, e a Roma, la Società Dante Alighieri offre corsi speciali di lingua e cultura italiana.
30 A proposito, la Società Dante Alighieri offre corsi di lingua italiana anche in varie città del mondo.

Senza dubbio per gli studenti che passano alcuni mesi in uno di questi centri, Firenze, Perugia, Padova, eccetera, questa esperienza in Italia è istruttiva e interessante.

---

non solo *not only*　Inoltre *Furthermore*　da soli *alone*

3
IN AVIOGETTO DA
NEW YORK A MILANO

Veduta delle Alpi.

L'aviogetto della *compagnia* italiana Alitalia sta per partire dall'aeroporto di New York per Milano. I passeggeri sono tutti a bordo; molti sono seduti e hanno già *allacciato* la *cintura di sicurezza*. Roberto è già seduto
5 e aspetta impazientemente la partenza quando un giovanotto dice:

— *Scusi*, è occupato questo posto?

— No, *s'accomodi!*

— Grazie. Mi chiamo Elio Martelli.

10 — *Piacere!* E io sono Roberto Hamilton.

— Ah! È americano! Ho parlato in italiano perchè . . .

— Non importa. Anzi *mi fa piacere* perchè vado in Italia a studiare e devo assolutamente migliorare la mia conoscenza dell'italiano.

15 — Ma Lei già lo parla bene. Dunque, va in Italia a studiare! È una strana *combinazione* perchè io ho studiato in America per nove mesi.

— Davvero? Dove?

— All'Università di Chicago. Mi sono laureato
20 all'Università di Bologna l'anno scorso e ho ricevuto una *borsa di studio* per l'America.

— E che cosa ha studiato?

— Economia politica. E Lei che studierà in Italia?

— Pittura. Ho studiato all'Università di Stanford e
25 vado a Roma per un anno, all'Accademia di Belle Arti.

— *Ottima* idea. Ma scusi, *com'è* che Lei parla l'italiano *correntemente?*

— L'ho studiato a scuola, ma l'ho imparato anche dal mio maestro di pittura, e specialmente da mia madre che
30 è italiana.

— *Le dà noia il fumo?*

— No, no; può fumare se vuole. *Io ho smesso di fumare*, ma le sigarette non mi danno *fastidio*.

I due giovani continuano a parlare mentre l'aviogetto
35 vola già ad alta *quota*. Dopo il film *cenano* e poi *s'addormentano*. Quando *si svegliano* è giorno. Roberto

---

compagnia *line, company* allacciato *fastened* cintura di sicurezza *seatbelt* Scusi *Excuse me* s'accomodi *have a seat* Piacere *Glad to know you* mi fa piacere *I'm glad* combinazione *coincidence* borsa di studio *scholarship* Ottima: Eccellente com'è *how is it* correntemente *fluently* Le dà noia il fumo? *Does smoke bother you?* Io ho smesso di fumare *I stopped smoking* fastidio: noia quota: altitudine cenano *they dine* s'addormentano *they fall asleep* si svegliano *they awaken*

nota che alcuni passeggeri guardano dal finestrino e domanda a Elio:

— Perchè i passeggeri guardano dal finestrino?

— Perchè voliamo sulle Alpi. Quanta *neve!*

I due giovani restano al finestrino a guardare per *diversi* 5
minuti il panorama meraviglioso. Elio, che ha già volato
sulle Alpi altre volte dà delle *indicazioni* a Roberto. Sono
tutti e due *pressappoco* della stessa età. Elio avrà 24 (venti-
quattro) anni e Roberto avrà forse un anno di meno. Elio
è di statura media, ha i capelli castani e due occhi neri 10
che sembrano sorridere sempre nella faccia tonda e gioviale. Roberto è alto, *magro,* ha la faccia lunga, i capelli
biondi e *corti,* e gli occhi azzurri, un po' timidi.

— Signorina, quando arriveremo a Milano? — domanda Roberto alla «hostess» che in questo momento 15
serve il caffè e il caffellatte ai passeggeri.

— Alle otto — risponde la «hostess».

— Lei *si ferma* per qualche giorno a Milano? — Roberto domanda a Elio.

— Sì, io abito a Bologna ma resterò a Milano tre 20
giorni. Ho una zia a Milano e starò a casa sua.

— Io vado all'albergo Colonna; lo conosce?

— Sì, molto bene. È *proprio al centro* vicino al Duomo
e alla Galleria. Perchè non c'incontriamo? Io conosco
molto bene Milano. 25

— Grazie.

— Benissimo. All'aeroporto, dopo la *visita doganale* ci
daremo un appuntamento.

L'aviogetto ha già incominciato a discendere. In pochi
minuti è sull'aeroporto e atterra; le ruote toccano la pista 30
con una lieve scossa e finalmente l'aereo si ferma.

— «Siamo arrivati» — pensa Roberto — «finalmente
sono arrivato in Italia.»

neve *snow*   diversi: alcuni   indicazioni *explanations*   pressappoco:
più o meno   magro *slender*   corti *short*   si ferma: resta, rimane
proprio al centro *in the very center of town*   visita doganale *customs
inspection*

UN PO' DI GEOGRAFIA

Il Lago di Como.

L 'Italia è una penisola che ha un aspetto caratteristico: infatti se guardiamo una carta geografica
dell'Italia notiamo subito che ha la forma di uno *stivale*.
L'Italia è relativamente piccola: ha una superficie che è
due terzi quella della California. Con la Sicilia e la Sar- 5
degna, ha una superficie di 116,216 (cento sedici mila
duecento sedici) *miglia quadrate*.

Al nord un'alta catena di monti, le Alpi, separa l'Italia
dal resto dell'Europa. Questa è la catena di monti che
Roberto Hamilton *ha sorvolato* in aeroplano. *Ai piedi* delle 10
Alpi c'è la valle del Po, che è una grande pianura e una
regione molto fertile. Al sud di questa valle c'è un'altra
catena di monti, gli Appennini, che attraversa tutta la
penisola dal nord al sud. Dunque, con l'eccezione della
valle del Po, l'Italia è un paese prevalentemente mon- 15
tuoso. L'Italia è una lunga penisola: circa 750 (settecento
cinquanta) miglia. La *larghezza* della penisola varia da

stivale *boot*   due terzi *two-thirds*   miglia quadrate *square miles*   ha
sorvolato *flew over*   Ai piedi *at the foot*   larghezza *width*

Un villaggio ai piedi delle Alpi.

390 (trecento novanta) miglia nella valle del Po, a 25 (venticinque) miglia in Calabria.

All'ovest, al sud e all'est, l'Italia è circondata dal mare: dal Mare Tirreno, dal Mare Ionio e dal Mare Adriatico.
5 La costa del Mare Tirreno è *rocciosa* e ha i due principali porti italiani: Genova e Napoli. La costa del Mare Adriatico, invece, è ricca di *spiagge* famose come il Lido di Venezia, Riccione, e Rimini.

Nella *valle padana* troviamo il principale fiume italiano:
10 il Po, che va dalle Alpi al Mare Adriatico. Altri fiumi importanti sono: l'Adige, che è anche nella valle padana; l'Arno, che passa per Firenze e Pisa; e il Tevere, che passa per Roma. Ai piedi delle Alpi ci sono il Lago di Como, il Lago Maggiore e il Lago di Garda.

rocciosa *rocky*   spiagge *beaches*   valle padana *Po valley*

Donne che lavorano in un campo vicino a Napoli.

L'Italia ha due grandi isole: la Sicilia e la Sardegna, e molte piccole isole: fra queste ci sono Capri, Ischia, e l'Isola d'Elba, che sono molto belle e che hanno grande importanza come centri di turismo. In Italia ci sono anche tre vulcani: il Vesuvio, nel golfo di Napoli; l'Etna 5 in Sicilia, e lo Stromboli nell'isola dello stesso nome.

L'Italia è situata in una zona temperata, e grazie alla sua posizione geografica le Alpi la proteggono dai venti del nord, e il mare attenua il freddo dell'inverno. Ma il clima varia molto dal nord al sud, e dalla pianura ai 10 monti. Nell'inverno, in generale, il clima è freddo nella valle del Po e nell'Italia del nord e centrale: ma lungo la riviera, all'est e all'ovest di Genova, l'inverno è *mite*. E l'inverno è mite anche lungo la costa napoletana e in Sicilia. L'estate è calda e *asciutta*, ma molto piacevole 15 lungo la costa e nelle Alpi e negli Appennini.

Gl'Italiani dividono il loro paese in tre parti: l'Italia settentrionale (*o* del nord), l'Italia centrale, e l'Italia meridionale (*o* del sud). Questa divisione non è una vera

mite *mild*   asciutta *dry*

divisione geografica, ma poichè l'Italia è lunga, è *comodo*
dividere la penisola in tre parti.

Amministrativamente l'Italia è divisa in regioni, e le
regioni sono divise in province. Le regioni dell'Italia set-
5 tentrionale sono regioni agricole e industriali, e sono
molto prospere. Milano e Torino, i due grandi centri
industriali dell'Italia, sono in questa zona. Le regioni
dell'Italia centrale e dell'Italia meridionale sono principalmente agricole. La Sicilia e la Sardegna *fanno parte*
10 dell'Italia meridionale, e anch'esse sono principalmente
zone agricole.

È interessante notare che i confini naturali dell'Italia
coincidono quasi perfettamente con i confini politici, ma
notiamo che dentro questi confini esistono due stati com-
15 pletamente indipendenti: la Repubblica di San Marino
e la Città del Vaticano.

LO STIVALE

Io non son della solita *vacchetta*
Ne' sono uno stival *da* contadino;
E se *paio tagliato coll'accetta*,
Chi lavorò non era *ciabattino*:
Mi fece a doppie suola *alla scudiera*,
E per servir *da* bosco e *da* riviera.

*(This is the first stanza of a comic poem on the woes of Italy through
the centuries by Giuseppe Giusti 1809–1850.)*

comodo *convenient* fanno parte *are a part* vacchetta *thin leather
(cowhide)* da *for a* paio *I seem* tagliato coll'accetta *rough-hewn*
ciabattino *cobbler* alla scudiera *fit for a squire* da (bosco, riviera) *in
the*

ALL'AEROPORTO DI MILANO

Milano: Il Duomo.

L a sala della dogana all'aeroporto di Milano è *affollata*. Tutti i passeggeri dell'aereo che è arrivato da New York aspettano il loro turno per l'ispezione dei bagagli. Roberto Hamilton ha aperto le sue valige e aspetta
5 pazientemente. Finalmente una guardia doganale si avvicina e domanda:

— Ha sigarette, tabacco . . . ?

— Solamente dieci pacchetti di sigarette.

— Che cosa c'è in questa valigia?

10 — Effetti personali, abiti, camicie. . . .

— E in quest'altra valigia?

— Pennelli e colori. Sono pittore.

— Ah, capisco. Benissimo, allora. L'uscita è a destra.

— Grazie.

15 Roberto chiude le valige e *si avvia* verso l'uscita dove vede Elio che l'aspetta.

— Com'è andata l'ispezione? — domanda Roberto.

— Bene. La guardia è stata molto gentile. Ha guardato solamente in una valigia. E la Sua ispezione com'è an-
20 data?

— Molto bene; evidentemente per gli stranieri l'ispezione è una semplice formalità.

Roberto cambia degli *assegni per viaggiatori* all'ufficio di cambio e poi i due giovani si avviano verso l'uscita.
25 Fuori c'è una grande confusione di automobili, tassì e autobus.

— Ecco l'autobus che va in città — dice Elio.

I due giovani montano sull'autobus che parte subito. Roberto guarda tutto con curiosità e *ogni tanto* domanda
30 qualche cosa a Elio.

— Dove si ferma l'autobus?

— Vicino a Piazza del Duomo, *a due passi dal* Suo albergo — risponde Elio.

— Allora c'incontriamo domani per colazione?

35 — *Senz'altro!* Sarò al Suo albergo a mezzogiorno; faremo colazione e dopo *faremo un giro* per il centro e visiteremo qualche posto interessante. A proposito, quanto tempo resterà a Milano?

— Veramente devo ancora decidere, forse due o tre
40 giorni.

---

affollata: piena di gente   si avvia: va   assegni per viaggiatori *traveler's checks*   ogni tanto *now and then*   a due passi dal: vicino al   Senz'altro: Certamente   faremo un giro *we'll take a stroll*

— E dopo dove va?

— Dopo vado a Firenze.

— Ma allora perchè non mi accompagna *fino a* Bologna? Ho una Fiat. L'ho lasciata a casa di mia zia durante la mia assenza. Un viaggio in automobile sarà molto interessante per Lei. Io partirò fra tre giorni. 5

— Molto gentile, grazie!

— Benissimo, allora *siamo d'accordo*.

L'autobus è quasi arrivato a destinazione e ora procede lentamente per le vie del centro che sono affollate di 10 persone e di macchine.

— Che confusione! — dice Roberto. Ormai tutte le grandi città *si somigliano*.

— *Eh sì*. Vede? Anche quà c'è lo smog.

L'autobus entra in Piazza del Duomo e si ferma. I due 15 giovani scendono.

— L'albergo Colonna è molto vicino; è proprio lì. Lo vede? — e Elio lo indica a Roberto. — Invece mia zia abita lontano e devo prendere un altro autobus o un tassì.

— Allora ci vediamo domani a mezzogiorno. 20

— *Siamo intesi*; a domani.

fino a *as far as* Siamo d'accordo *we are agreed* si somigliano *are alike* Eh sì *You're right* Siamo intesi: Siamo d'accordo

LE CITTÀ ITALIANE

Perugia: Una via chiusa al traffico.

Conoscete il nome di alcune città italiane? Certo!
L'Italia è un paese che ha molte città famose:
Roma, Napoli, Venezia, Bologna, Firenze . . . E sapete
perchè? Perchè la civiltà italiana è essenzialmente urbana. Basta aprire una carta geografica dello "Stivale" 5
per *renderci conto* del numero veramente straordinario di
città grandi e piccole, e se la carta geografica è dettagliata,
ci troviamo anche il nome di *un'infinità di* paesi.

Naturalmente, Roma, la capitale moderna e anche
dell'antico Impero Romano, oggi è una vera metropoli 10
con più di due milioni di abitanti. Poi ci sono Milano,
il grande centro industriale, e Napoli, uno dei grandi
porti del Mediterraneo, che hanno quasi due milioni di
abitanti. Ma ci sono molte altre città: Torino, che è un
centro industriale dove costruiscono le Fiat e anche uno 15
dei centri della moda italiana; Venezia, la romantica città
dei canali; Firenze, la culla del Rinascimento; Genova,
un altro grande porto di mare; Palermo, la città principale della Sicilia, e varie altre.

E poi ci sono le piccole città pittoresche dell'Italia cen- 20

renderci conto *to be aware of*   un' infinità di *a large number of*

trale: Perugia, con la sua Università per Stranieri; Assisi,
patria di San Francesco; Siena, dove *ha luogo* la ben nota
corsa di cavalli, il «Palio»; Orvieto, che ha una bellissima
cattedrale; Tivoli, vicino a Roma, ricordata per le sue
5 fontane, e molte altre. Alcune di queste cittadine sono
situate sulla cima o sulla costa di una collina o di un
monte e presentano *un colpo d'occhio* pittoresco; sono le
cosiddette «Hill Towns of Italy.»

Ma se l'Italia è una penisola, oltre a Napoli e a Genova
10 ci saranno altre città situate sul mare, no? Certo! E basterà *dare un altro sguardo* alla carta geografica: Venezia,
come tutti sanno è un caso speciale; ma vediamo Bari sul
Mare Adriatico; Taranto, nel golfo dello stesso nome;
Messina, sullo stretto che separa la Sicilia dalla penisola;
15 Catania, Siracusa, e di nuovo Palermo, tutte sulle coste
della bella isola, anticamente chiamata *Trinacria*. *Risalendo* il mar Tirreno troviamo Salerno, vicino a Napoli;
Civitavecchia, un porto importante per il commercio con
la Sardegna; Livorno, vicino a Pisa; e poi La Spezia e le
20 numerose piccole città della Riviera italiana che va fino
al confine con la Francia. La Sardegna ha una città sul
mare al sud dell'isola, Cagliari.

ha luogo *takes place*   corsa di cavalli *horse race*   un colpo d'occhio
view   dare un altro sguardo *to take another look*   Trinacria *Three-
cornered*   Risalendo *Going up*

Le città italiane sono tutte di pietra, e per questo sono molto durature; ecco perchè l'aspetto di molte città e di molti paesi non è cambiato molto attraverso i secoli. Hanno una o più piazze e le vie sono generalmente strette, come erano secoli fa, e *non si prestano* al traffico moderno di automobili, di autobus e di *camion*. Quindi, numerose sono le vie *a senso unico*, e il parcheggio è un problema. La parte nuova e moderna delle città italiane si trova in periferia, *al di fuori* della parte vecchia. Là troviamo appartamenti moderni a molti piani, e anche ville e villini con graziosi *giardinetti*.

Un'altra caratteristica delle città italiane è la varietà, e questa varietà è una delle bellezze dell'Italia. E questo è vero non solo delle città, ma del paesaggio, dei costumi, dei tipi etnici e della storia. *È proprio così*: l'Italia è uno dei paesi più antichi dell'Europa, ma per molti secoli la sua storia è stata la storia di città e di piccoli stati indipendenti, non di una nazione unita. È soltanto nel secolo scorso che politicamente l'Italia diventa una nazione vera e propria con un governo centrale per l'intero paese.

VECCHIO PROVERBIO SULLE CITTÀ ITALIANE
Milano la grande, Venezia la ricca, Genova la superba,
Bologna la grassa, Firenze la bella, Padova la dotta,
Ravenna l'antica, Roma la santa.

(Venice was rich *for her commerce with the Near East; Genoa* proud *for her history; Bologna* fat *for her cuisine; Florence* beautiful *for her churches, buildings and location; Padua* learned *for her old university; Ravenna* ancient *for being the seat of the Western Empire in the fifth century; Rome* holy *as the seat of the Papacy and capital of Christianity until the sixteenth century.)*

non si prestano *are not suited*   camion *truck*   a senso unico *one-way*
al di fuori *outside*   giardinetti: piccoli giardini   È proprio così *That's the way it is*

UN APPUNTAMENTO
NELLA GALLERIA

Milano: Grattacieli: il Centro Pirelli.

E lio Martelli ha *mantenuto la promessa* ed è andato all'albergo di Roberto. Ha portato anche una cugina, Nanda Ageno. La cugina ha studiato l'inglese al Ginnasio e lo parla abbastanza correntemente, anche se non ha avuto molte occasioni di conversare fuori di 5 classe. È una signorina di diciassette anni, alta, con i capelli castani, gli occhi neri, ed è vivace e allegra.

I tre giovani hanno visitato il Duomo, la bella cattedrale gotica ricca di statue e di *guglie*, ed ora sono seduti al tavolino di un caffè nella Galleria e parlano *del più e* 10 *del meno*.

---

mantenuto la promessa *kept his word*   guglie *spires*   del più e del meno *of this and that*

Milano: Convento di Santa Maria delle Grazie, "Il Cenacolo" di Leonardo da Vinci.

Cameriere — Che prẹndono, signori?

Nanda — Io prendo un aperitivo, un Campari soda.

Ẹlio — Poichè non ci sono aperitivi analcọlici, io prendo un'aranciata.

5   *Roberto* — E io un cappuccino.

Cameriere — Benịssimo, signori.

Roberto — Questa galleria è veramente affascinante: negozi, caffè, e quanta gente!

Ẹlio — È il *ritrovo* preferito di scrittori, cantanti, com-
10 mercianti . . . È sempre così, anche quando piove, perchè, come vede, è tutta coperta.

Roberto — Sì. C'è molta luce. Nell'interno del Duomo, invece, c'è poca luce; ma è così in quasi tutte le cattedrali.

Nanda — È naturale! In chiesa la luce non è molto
15 importante. Andiamo in chiesa per pregare, non per lẹg-gere il giornale!

ritrovo *meeting place*

23

Milano: Il Teatro della Scala illuminato.

Ẹlio — Io, ogni volta che mi fermo a Milano, entro nel Duomo per qualche minuto.

Roberto — Ha ragione. È molto bello. Specialmente le *vetrate a colori.*

Nanda — Ha notato le guglie e le statue? 5

Roberto — Sì. Sono andato sul *tetto* che è tutto di marmo.

Ẹlio — E ora perchè non andiamo a vedere Il Cenạcolo di Leonardo da Vinci nella chiesa di Santa Maria delle Grạzie? 10

Roberto — Benịssimo. È lontano?

Nanda — No, no; possiamo andarci *a piedi.*

I giọvani pạgano, lạsciano la *mạncia* e ẹscono dalla Galleria.

Roberto — Non è il Teatro della Scala quell'edifịcio? 15

Nanda — Sì. Ma, di sọlito, lo chiamiamo semplicemente La Scala.

Roberto — Che danno ora?

Ẹlio — Niente. In estate è chiuso.

Nanda — Durante l'estate quị in Itạlia danno delle 20
ọpere all'Arena di Verona e alle Terme di Caracalla a Roma.

vetrate a colori *stained glass windows*   tetto *roof*   a piedi *on foot*   mancia *tip*

Roberto — C'è sempre tanto *movimento* a Milano? Automobili, motociclette, biciclette, *pedoni!*

Elio — Sì. Milano è un grande centro commerciale e industriale; e poi è anche un centro di comunicazione con i paesi dell'Europa centrale.

Nanda — Tutti gli anni in aprile qui a Milano c'è una *Fiera Campionaria* Internazionale. Lo sapeva?

Roberto — No. È una fiera grande?

Elio — Sì. Anche gli Stati Uniti partecipano a questa Fiera con i loro prodotti.

Nanda — Ecco. Qui c'è un semaforo. *Attraversiamo?*

Roberto — Certo . . . Ora non ho tempo, ma ritornerò a Milano perchè desidero visitare il Lago di Como e il Lago Maggiore. Porterò i miei pennelli e i miei colori e dipingerò.

Nanda — Eccoci a Santa Maria delle Grazie.

movimento: traffico   pedoni *pedestrians*   Fiera Campionaria *Trade Fair*   Attraversiamo? *Shall we cross?*

DA MILANO A BOLOGNA
IN AUTOMOBILE

Milano: Una scelta difficile.

SEGNALI STRADALI

passaggio per pedoni

attenzione ai bambini

divieto di svolta a destra

divieto di superare la
velocità massima indicata
(in km/ora) e fine del divieto

arrestarsi al posto
di dogana

circolazione rotatoria

pista o carreg-
giata obbligatoria
riservata ai ciclisti

limite minimo di
velocità (in km/ora)

È una bella giornata di luglio. Elio è andato all'albergo di Roberto ed i due giovani sono partiti per Bologna. Mentre la macchina di Elio che si è fermata a fare *rifornimento (di benzina)* fuori città, corre velocemente per
5 la campagna, Roberto si volta indietro per guardare ancora una volta il Duomo che diventa sempre più piccolo e finalmente scompare all'orizzonte.

La macchina di Elio è una piccola Fiat; non è nuova, ma è in ottime condizioni. È una vettura a tre porte; il
10 *portellone posteriore* è comodo perchè facilita la *disposizione* dei bagagli. Invece di prendere l'autostrada, Elio ha preferito prendere la vecchia strada perchè è più pittoresca. La strada che seguono non è molto larga e corre diritta per la pianura padana. C'è molto traffico e spesso Elio
15 rallenta e procede lentamente dietro a un *autotreno* o a

rifornimento (di benzina) *fill up (on gas)*   portellone posteriore *tail
gate*   disposizione *arrangement*   autotreno *tractor-trailer*

Traffico durante le ore di punta.

Un tratto dell'Autostrada del Sole.

un camion mentre aspetta l'occasione per *sorpassare*. In Italia, come nel resto dell'Europa, le automobili sono così aumentate *di* numero in questi ultimi anni che hanno creato numerosi e gravi problemi.

In Italia la costruzione di una vasta *rete* di autostrade 5 che attraversano la penisola dal nord al sud e dall'est all'ovest ha alleviato considerevolmente il problema del traffico automobilistico *interurbano*. Sfortunatamente nelle città la soluzione non è così semplice. In alcune città la *circolazione* delle automobili è stata totalmente o parzial- 10 mente proibita in alcune sezioni e durante le *ore di punta*.

Tra tutte le automobili italiane le più popolari sono certamente le Fiat. La compagnia Fiat (Fabbrica italiana automobili Torino) non solo occupa il primo posto nella vendita d'automobili in Italia, ma esporta anche un nu- 15 mero considerevole di macchine *all'estero*. Altre macchine popolari in Italia e famose in tutto il mondo sono l'Alfa Romeo, la Lancia, e tra le *macchine da corsa* la Ferrari e la Maserati.

---

sorpassare *pass* di *in* rete *network* interurbano *between cities* circolazione: traffico ore di punta *rush hour* all'estero *abroad* macchine da corsa *racing cars*

Da Milano a Bologna i due giovani seguono la Via
Emilia, un'antica via costruita *secoli* fa dai Romani. La
distanza tra Milano e Bologna è relativamente breve: 135
(cento trentacinque) miglia, e la strada è tutta *in pianura*
5 perchè corre ai piedi degli Appennini ma non li attraversa. I due amici sono passati per Piacenza, dove hanno
attraversato il Po, e hanno *proseguito* per Parma dove
hanno fatto colazione e dove hanno fatto una breve
escursione per visitare la Certosa, un antico monastero.
10 Da Parma hanno continuato verso Modena e qui si sono
fermati ad una stazione di servizio per rinfrescarsi con
una *bibita ghiacciata*.

Durante il viaggio Elio e Roberto hanno parlato un po'
di tutto, ma ora viaggiano in silenzio. Il sole è già basso
15 sull'orizzonte quando *infilano* le prime strade di periferia
di Bologna ed è già sera quando finalmente arrivano al
centro.

secoli *centuries*   in pianura *flat*   proseguito: continuato   bibita
ghiacciata *cold drink*   infilano *they enter*

29

ARRIVO A BOLOGNA

Veduta di Bologna.

*Bologna: Studenti in
Piazza Maggiore.*

S ono le sei e mezzo del pomeriggio. L'automobile
di Elio procede per una' delle vie della città. Pro-
cẹdono *lentamente* perchè a Bologna, come in tutte le
città, nelle ore di punta il trạffico è intenso.

5 — Tante grạzie Elio, ma perchè non mi lasci a un
albergo? Perchè vuoi disturbare i tuoi genitori?

— Ma no! Ti ho invitato a casa perchè abbiamo una
camera lịbera. È la camera di mio fratello, ma lui è in
vacanza a Forte dei Marmi e non ritornerà fino a set-
10 tembre. Ecco il centro della città. Vedi quelle torri *pendenti?* Sono le torri Garisenda e Asinelli. Sono due torri
medioevali. Nel Medioevo a Bologna c'ẹrano molte torri.

— Quanti pọrtici! Quasi ogni *fabbricato* ha un pọrtico.

— Sono molto cọmodi. Durante l'estate ripạrano dal
15 sole, e nell'inverno ripạrano dalla *pioggia* e anche un po'
dal *vento*. Come vedi, sotto ai pọrtici ci sono dei negọzi.
Hai notato che le vie sono piuttosto *strette?*

— Sì. Questa per cui passiamo ora dev'ẹssere come
era tre o quattro sẹcoli fa. È una città affascinante.

---

lentamente *slowly*   pendenti *leaning towers*   fabbricato: edifịcio, palazzo   pioggia *rain*   vento *wind*   strette *narrow*

— Domani ti mostrerò l'antica università e la chiesa di San Petronio. Ecco Via Zamboni, e questa è l'entrata del palazzo in cui abitiamo. Vedi che siamo arrivati *sani e salvi*.

— Guidi veramente bene, *complimenti!* Ecco le valige: questa è la tua e queste due sono le mie. A che piano abiti?

— Al quarto, ma c'è l'ascensore. Come vedi qui in Italia, con l'eccezione di poche famiglie ricche che hanno una villa in periferia, abitiamo tutti in appartamenti. I palazzi hanno di solito cinque o sei piani, e a ogni piano ci sono due o più appartamenti. Al *pian terreno* c'è un appartamento per la famiglia del *portiere*. Il portiere, o sua moglie, *spazza le scale*, distribuisce la posta, e la sera alle dieci chiude il portone, cioè la grande porta sulla via . . . Ecco il quarto piano.

— Numero otto. È il vostro appartamento?

— Sì. . . . Non risponde nessuno. Mio padre sarà in ufficio, e mia madre dev'essere andata a fare la *spesa*. Fortunatamente ho la chiave in una tasca della valigia.

— Ma non hai mandato un telegramma a tua madre?

— No, non le ho mandato un telegramma perchè volevo fare una sorpresa a tutti. Ecco la chiave.

Elio apre la porta e i due giovani entrano.

— È un appartamento grande e confortevole. Quante stanze ci sono? — domanda Roberto.

— Dunque, c'è la cucina, la sala da pranzo, un piccolo salotto, tre camere e il bagno con la *doccia* e la *vasca*. Questa è la tua camera. Ti assicuro che il letto è comodo. Questo mobile con un lungo specchio è l'armadio.

— Già, in Italia l'armadio è un mobile, non avete *armadi a muro* come li abbiamo in America.

— Non c'è molta luce perchè le *persiane* sono chiuse, ma le apro subito.

— Non importa. È già quasi notte.

— È vero. Allora possiamo andare in salotto e aprire il televisore. Vuoi vedere il telegiornale?

— È un'ottima idea . . . È bello questo televisore. È americano?

— No, è una marca italiana.

— Avete molti canali qui a Bologna?

---

sani e salvi *safe and sound*   complimenti: congratulazioni   pian terreno *ground floor*   portiere *janitor*   spazza le scale *sweeps the steps*   spesa *shopping*   doccia *shower*   vasca *tub*   armadi a muro *wall closets*   persiane *shutters*

Televisione

RETE 1

13.00 Sipario su... l'opera lirica a cura di Luigi Fait. Giuseppe Verdi: «Il Trovatore» (1ª puntata)

13.30 Telegiornale

13.45 Speciale Parlamento

18.15 La fiaba quotidiana «Provviste per l'inverno»

18.20 Anna, giorno dopo giorno dal romanzo omonimo di Dominique Saint Alban con Sophie Barjac

18.35 Alice in Florida

19.20 Tarzan e il safari perduto Telefilm: con Gordon Scott

19.45 Almanacco del giorno dopo - Che tempo fa

20.00 Telegiornale

20.40 Breve incontro con Nino Manfredi «L'impiegato» Film di Gianni Puccini con Nino Manfredi, Eleonora Rossi Drago, Anna Maria Ferrero, Andrea Checchi, Gianrico Tedeschi

22.25 Sotto il divano Un programma di Adriana Asti - **Telegiornale - Oggi al Parlamento - Che tempo fa**

RETE 2

13.00 TG 2 - Ore tredici

13.15 Omaggio a Schubert XII Concorso Pianistico Internazionale A. Casagrande

18.15 TV 2 Ragazzi: a) **«Dove vivono?»** Un documentario: b) **«Dopo la chiusura»** Cartone animato

18.40 Dal Parlamento - TG 2 - Sportsera

19.00 Spaziolibero: I programmi dell'accesso

19.15 Le avventure di Black Beauty Telefilm di John Reardon **Un cavallo in pensione - Previsioni del tempo**

19.45 TG 2 - Studio aperto

20.40 Mastro don Gesualdo Riduzione televisiva di Ernesto Guida e Giacomo Vaccari dal romanzo omonimo di Giovanni Verga. Interpretato da Enrico Maria Salerno (Quarta puntata)

21.55 Heinrich Böll Un programma di Ivo B. Micheli (1ª parte)

22.55 Sorgente di vita Rubrica di vita e cultura ebraica. Al termine: **TG 2 - Stanotte**

— No, due soltanto. Per ora in Italia ci sono due canali o reti: il Canale Nazionale e il Secondo Canale. E poi ci sono numerosi canali privati.

— Mi hanno detto che pagate una tassa annuale sul
5   televisore.

— È vero, l'*abbonamento*. Il telegiornale è già incominciato.

— L'annunciatore non è nè bolognese nè milanese. È fiorentino?

---

abbonamento *subscription*

— No, è romano. Dunque hai notato che c'è una certa differenza di accento da una città all'altra qui in Italia.

— Sì. Ho notato a Milano che il tuo accento non era come quello dei Milanesi.

— È vero. È un fenomeno che noterai a Firenze, a Roma e nelle altre città. . . . È entrato qualcuno in casa.

— Sarà tua madre con la *donna di servizio*.

— Vado a vedere.

donna di servizio: cameriera

LINGUA E DIALETTI

Conversazione animata, in italiano o in dialetto?

C ome abbiamo veduto in un capitolo precedente, l'Italia è un paese piuttosto piccolo: la popolazione, però, è assai grande, circa 56 milioni. In Italia non c'è uniformità etnica: non c'è oggi, e non c'è stata mai. Già in tempi remoti notiamo una certa suddivisione di razze: nell'Italia settentrionale i Liguri e i Veneti; nell'Italia centrale e meridionale gli Etruschi, gli Umbri, e i popoli Italici. Un po' più tardi, poi, troviamo i Celti e i Galli nel nord, e i Greci nel sud. Fu Roma, con la sua forza politica e militare, che riuscì dopo molti secoli a dare unità a una varietà così grande di tipi etnici.

L'Italia è stata invasa molte volte, dal nord e dal sud, dall'*inizio* della storia fino alla Seconda Guerra Mondiale. Con la caduta dell'Impero Romano incominciarono le invasioni che *attraverso* molti secoli portarono nella penisola italiana gli Ostrogoti, i Vandali, i Longobardi, i Saraceni, i Normanni, ecc. Queste invasioni ebbero un *influsso* fondamentale sullo *sviluppo* storico del paese. La *mancanza* di un governo centrale facilitò la suddivisione della penisola in regioni, ognuna con la sua storia, la sua cultura e la sua lingua.

Infatti come non c'è unità etnica, in Italia non c'è nemmeno perfetta unità linguistica. Roberto ha notato che i Milanesi, i Bolognesi e i Romani, per esempio, parlano italiano con un accento un po' diverso. Non solo ma oltre alla lingua italiana che tutti parlano, molti italiani parlano anche un dialetto.

La lingua italiana è una lingua romanza, cioè è una delle lingue che derivano dal latino, la lingua dell'antica Roma. Lingue romanze sono anche il francese, lo spagnolo, il portoghese e il rumeno. I dialetti italiani non sono altro che forme diverse di lingue romanze.

In generale, ogni regione ha il suo dialetto, che in molti casi è assai diverso dall'italiano. *Di modo che*, un piemontese parla italiano ma parla anche il dialetto del Piemonte, cioè il piemontese. Un veneziano parla italiano ma anche il dialetto di Venezia, cioè il veneziano; un napoletano parla italiano e anche il dialetto di Napoli, cioè il napoletano, ecc. Alcuni dialetti *si somigliano tra loro*: per esempio il toscano e l'umbro; altri sono molto differenti: per esempio il siciliano e il lombardo.

5

10

15

20

25

30

35

40

---

inizio *beginning*   attraverso *through*   influsso *influence*   sviluppo *development*   mancanza *lack*   Di modo che *So that*   si somigliano tra loro *resemble each other*

Questa suddivisione linguistica dell'Italia *rispecchia* come abbiamo visto la divisione geografica e storica della penisola. Il dialetto della Toscana, specialmente il fiorentino, si affermò assai presto come lingua letteraria perchè molti dei primi grandi scrittori italiani — Dante Alighieri, Giovanni Boccaccio, Francesco Petrarca e altri — scrissero le loro opere essenzialmente nella lingua della loro patria, cioè Firenze.

I dialetti italiani hanno delle *radici* molto profonde, ma è difficile dire fino a quando *sopravviveranno* nel mondo moderno; un mondo di facili comunicazioni in cui la scuola, la radio, la televisione e il cinema, tendono a creare uniformità di costumi e di lingua.

rispecchia *reflects*   radici *roots*   sopravviveranno *they will survive*

ALLA STAZIONE DI BOLOGNA

Alla stazione.

È ormai arrivato il momento della partenza da Bologna. Roberto e Elio sono alla stazione davanti all'*edicola dei giornali*.

— Che cosa mi consigli di prendere? — domanda
5 Roberto.

— *Ci penso io* — risponde Elio, e sceglie un giornale e due riviste.

— Ecco — dice poi a Roberto — *Il Resto del Carlino* e due riviste che troverai interessanti: *Epoca* e *L'Espresso*.

10 — Grazie. *Il Resto del Carlino?* Che nome curioso!

— Sì è vero! È un vecchio giornale bolognese. Si chiama così perchè una volta lo compravano con il resto che rimaneva di una moneta che si chiamava «Carlino» — spiega Elio.

15 — Guarda! Sono già le quattro e mezzo, il treno sta per arrivare.

Attraversano una *cancellata* dove c'è una *targa* che dice «Ai treni» e si fermano al binario numero 3.

— Ecco il treno — dice Elio.

20 — Allora . . . arrivederci Elio, e di nuovo grazie di tutto.

— *Ma ti pare!*

— Allora, ci vedremo a Roma in primavera.

(Una voce) In carrozza!

25 — Arrivederci e buon viaggio.

— Arrivederci, ciao!

Roberto sale in treno e dopo un ultimo saluto a Elio cerca un posto. Immediatamente Roberto nota che i treni italiani sono molto diversi da quelli americani. Sapeva
30 che hanno vari nomi: *accelerato*, diretto, direttissimo e rapido. E sapeva che sono divisi in classi. Una volta c'erano tre classi ma ora ci sono solamente la prima e la seconda classe, eccetto nei rapidi che hanno *una classe unica*. Non sapeva però che tutte le carrozze dei treni
35 italiani hanno un corridoio da un lato e che sono divise in scompartimenti. Un'altra cosa che colpisce Roberto sono i finestrini. Nei treni americani questi sono sempre chiusi mentre nei treni italiani i passeggeri li possono aprire. Roberto entra in uno scompartimento dove ci
40 sono due passeggeri, un uomo di circa cinquant'anni e una signora, e si siede.

edicola dei giornali *newsstand* Ci penso io *I'll take care of it* cancellata *iron gate* targa *sign* Ma ti pare! *Not at all!* In carrozza! *All aboard!* accelerato *slow train* una classe unica *one class*

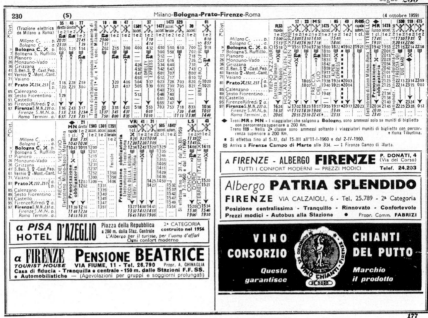

— Scusi, *ha per caso* un orạrio? — domanda il signore a Roberto.

— No, mi dispiace — gli risponde Roberto.

— Avevamo un orạrio, ma mia moglie l'ha perduto . . .

— Ci vuole paziẹnza — interrompe la signora. Con 5
tante valige e con tutti questi bagagli . . . *Bisognava prẹndere* un facchino.

In questo momento entra il controllore:

— Biglietti, signori, per favore.

Quando il controllore esce Roberto apre il giornale, 10
ma ha appena incominciato a lẹggere quando il signore dice:

— Abbiamo tante valige perchè siamo stati a Como *in villeggiatura*; è un posto incantẹvole. Lei va a Roma?

— No, scendo a Firenze — risponde Roberto. 15

— È un viạggio di circa un'ora. I treni elẹttrici di oggi sono molto rạpidi.

— Sono *gestiti* da compagnie private i treni quị in Italia? — chiede Roberto.

— No, no. Non so se avrà notato, ma sulle vetture c'è 20
la sigla F.S. che vuọl dire Ferrovie dello Stato.

ha per caso *do you happen to have*   Bisognava prendere *We should have
taken*   in villeggiatura: in vacanza   gestiti *operated*

— Che ore sono? — chiede la signora che poco prima dormiva.

— Sono le 5:35. Stiamo per arrivare — risponde il marito. Roberto si alza e prende le sue valige. Loro non
5   scendono? — chiede.

— No, noi *proseguiamo* per Roma — risponde il signore.

— Allora, buon viaggio.

— Grazie, arrivederLa.

10   Roberto esce nel corridoio e si ferma davanti a un finestrino. Il treno ha rallentato e Roberto vede il Duomo e il campanile di Giotto che riconosce subito perchè li ha visti tante volte in fotografia. Poi pensa ai suoi compagni di viaggio e sorride.

15   — *Meno male che* Elio mi ha comprato il giornale e le riviste – pensa – li ho letti con grande piacere e non mi sono punto annoiato! — e di nuovo sorride.

CIAO

Qual è l'origine di questa parola che tutti conoscono, anche fuori d'Italia? — Molti anni fa le espressioni «servo Suo» e «Suo *schiavo*» si *usavano* come termini di deferenza e ossequio. Nel Veneto la parola *schiavo* diventò *s-ciao*, e poi *ciao*. Così, un saluto ossequioso è diventato un saluto confidenziale che *si usa* in tutta l'Italia.

---

proseguiamo: continuiamo   Meno male che *It's a good thing that*
schiavo *slave*   si usavano *were used*   si usa *is used*

12

UN PO' DI STORIA

Firenze: Il campanile di Giotto e la cupola del Duomo.

DALL'ANTICA ROMA AL SECOLO DICIOTTESIMO

Roberto ha facilmente riconosciuto il Duomo e il Campanile di Giotto. Questi due edifici, *noti* a tutti sono simboli di Firenze, una città che occupa un posto speciale nella storia della civiltà occidentale perchè fu il centro del Rinascimento. Come abbiamo già veduto, la storia d'Italia è la storia di molte città, *piuttosto che* la storia di una nazione, e tra le città italiane Firenze è stata per secoli molto importante, forse quanto Roma.

Roma, il centro della civiltà romana, dominò per molti secoli tutto il mondo, e la lingua, i costumi, le leggi, l'architettura di Roma diventarono comuni in tutto l'occidente. L'avvento del Cristianesimo e la caduta dell'Impero Romano cambiarono la storia di Roma. Il centro del potere politico *si spostò* a Costantinopoli ma Roma diventò la sede principale della nuova religione cristiana.

Durante il Medioevo, il periodo che va dal secolo VI (sesto) al secolo XIII (tredicesimo), Roma continuò a dominare su tutto l'occidente con il suo potere religioso, ma politicamente in Italia assistiamo al sorgere dei Comuni e delle repubbliche italiane. Il Comune, un'isti-

noti: conosciuti   piuttosto che *rather than*   si spostò *moved*

Sirmione, sul lago di Garda: La Rocca Scaligera.

tuzione *prettamente* italiana, era una città libera governata da uno o più individui eletti dal popolo. Non ci fu più una storia d'Italia, ma la storia di Genova, Milano, Venezia, Firenze, Amalfi, Roma, ecc. Le invasioni alterarono l'eredità romana della penisola, ma non totalmente, 5 e il Comune, basato su tradizioni di vita urbana e latina, si sviluppò in opposizione alla civiltà degl'invasori che era essenzialmente feudale.

Verso la fine del Medioevo i Comuni cambiarono carattere e durante il periodo che seguì, cioè il Rinascimento, essi diventarono Signorie. Essenzialmente questo 10 cambiamento consiste nell'abbandono d'istituzioni libere *a favore* di forme di governo autocratiche. Il capo del nuovo stato fu il Signore o il Principe. Culturalmente il Rinascimento fu un periodo glorioso nella storia d'Italia, 15 ma politicamente ebbe risultati negativi perchè la divisione in tanti piccoli stati portò alla dominazione straniera della penisola. Così durante il periodo barocco (se-

prettamente *distinctly*   a favore *in favor*

colo diciassettẹsimo) e il perịodo dell'illuminismo (sẹcolo diciottẹsimo) l'Itạlia sotto la dominazione dei Francesi, degli Spagnoli, e degli Austrịaci, si trovò ridotta ad una posizione secondạria.

> . . . il bel paese
> Ch'Appennin *parte*
> e 'l mar *circonda* e l'Alpe.
> (Petrarca — *Canzoniere* CXLVI)

parte *divides*   circonda *surrounds*

13

UN PO' DI STORIA

Roma: La Basilica di San Pietro.

DAL SECOLO DICIOTTESIMO AI NOSTRI GIORNI

Roma: Veduta aerea del Monumento a Vittorio Emanuele II, della Via dei Fori Imperiali e del Colosseo.

Ma anche in questo periodo Roma attraverso il *papato* continuò ad essere il centro spirituale del mondo cattolico e in effetto uno stato, e *come tale* ebbe una politica di espansione territoriale. La Riforma protestante fu la più vigorosa forza religiosa di questo periodo che Roma e il papato combatterono con il movimento detto della Controriforma. Le guerre religiose che furono la conseguenza di questa *lotta* durarono a lungo però l'Italia non ebbe una parte decisiva in essa ma diventò invece un *campo di battaglia* per questa lotta.

Nel secolo diciottesimo, ossia nel Settecento, un nuovo ordinamento religioso e politico si sviluppa in Europa e le lotte religiose *vengono a termine*. L'Italia e il papato sembrano cadere in uno stato di *sonnolenza*. L'illuminismo

papato *papacy*   come tale *as such*   lotta *struggle*   campo di battaglia *battlefield*   vengono a termine *come to an end*   sonnolenza *sleepiness*

del Settecento è sentito in Italia ma come corrente che veniva dall'estero, come anche rimanevano all'estero le forze che controllavano il destino politico dell'Italia. È soltanto nell'Ottocento, durante il Risorgimento, che l'Italia di nuovo dà segno di una rinnovata volontà politica. Infatti il Risorgimento fu un movimento politico che durò più o meno dal 1810 al 1870 e che ebbe come *scopo* l'unificazione politica dell'Italia. Il nemico era l'impero Austro-Ungarico, o più semplicemente l'Austria, che in quei tempi, come una delle grandi potenze europee, controllava direttamente o indirettamente tutta l'Italia. Infatti gran parte dell'Italia settentrionale era sotto il controllo diretto dell'Austria di cui era una provincia, mentre l'Italia centrale era costituita da un gruppo di *staterelli*, principati o ducati, *di nome* indipendenti ma *di fatto* legati all'Austria da cui dipendevano. Al sud dell'Italia, il Regno delle due Sicilie era governato da re borbonici indirettamente controllati dall'Austria. L'Italia centrale era quasi tutta occupata dagli Stati Pontifici governati dal Papa e, sebbene indipendenti, erano *tali* solamente per l'*appoggio* che ricevevano dall'Austria e dalla Francia. L'Italia, come diceva un famoso uomo di stato austriaco, non era una nazione: era un'espressione geografica. Solamente una regione d'Italia era veramente indipendente: il Piemonte, nella parte nord-ovest della penisola. Questa regione sotto la Casa di Savoia *ben presto* diventò il centro del movimento d'indipendenza che *appunto* con l'aiuto della Casa di Savoia fu portato a *compimento*. Così nell'anno 1860 il regno d'Italia fu creato e il suo primo re fu Vittorio Emanuele II della Casa Savoia. Torino fu la prima capitale dell'Italia moderna. Poi la capitale fu trasferita a Firenze e finalmente nel 1870 Roma divenne parte dello stato italiano e immediatamente ne fu fatta la capitale.

Nel 1945, dopo la seconda guerra mondiale e dopo la fine del regime fascista che aveva tenuto il governo dell'Italia dal 1922 al 1943, ci fu un plebiscito e il popolo italiano votò per l'abolizione della monarchia a favore della repubblica. Oggi lo stato italiano è una repubblica costituzionale.

5

10

15

20

25

30

35

40

---

scopo *goal* staterelli *little states* di nome *in name* di fatto *in fact*
tali *such* appoggio *support* ben presto *very soon* appunto *in fact*
compimento *completion*

Il verde, la *speme* tant'anni *pasciuta*;
Il rosso, la gioia d'averla *compiuta*;
Il bianco, la fede fraterna d'amor.

(These verses from Giovanni Berchet's Le fantasie *(1829) explain the symbolism of the Italian tricolor, which was already considered the national flag before the unification of Italy in 1860.)*

speme *hope*   pasciuta *cherished*   compiuta *carried out*

14

L'UNIVERSITÀ PER STRANIERI
DI FIRENZE

Pisa: Studenti della Facoltà di Medicina.

Ieri l'altro Roberto è arrivato a Firenze. È salito in un tassì, ed è andato a una *pensione* per studenti situata lungo l'Arno. La camera di Roberto dà sul Lungarno, e dalla finestra c'è una splendida veduta del fiume, di Piazzale Michelangelo, e dell'antica chiesa di San Miniato al Monte. Nella stessa pensione abitano alcuni studenti stranieri che frequentano l'Università per Stranieri. Uno di questi studenti è un americano, figlio di genitori italiani, che si prepara per l'insegnamento dell'italiano nelle scuole medie di New York e che è a Firenze da un anno. Si chiama Mario Pecchioli. Sono le nove di mattina e Roberto esce con Mario per andare con lui all'Università per Stranieri.

— Andiamo a piedi, Mario?

— Sì, sì. I filobus a quest'ora sono pieni, e poi *fa bene fare due passi* la mattina.

— Tu che lezioni hai stamani?

— Alle dieci ho lezione di letteratura contemporanea, e alle undici seguo un corso sul Leopardi? Lo conosci?

— No. Conosco bene la storia dell'arte italiana, ma non conosco la letteratura.

— Giacomo Leopardi è un grande poeta del secolo scorso. Perchè non vieni *a lezione* con me alle undici? Oggi il professore commenterà *L'Infinito*, una poesia breve, ma molto bella.

— Benissimo. Quando sono incominciate le lezioni?

— Non ricordo il giorno preciso, ma era verso la metà di giugno. È la loro sessione estiva, e finirà il 25 di agosto. Ci sono quattro sessioni qui a Firenze per gli studenti stranieri: l'autunnale, l'invernale, la primaverile e quella estiva.

— Ci sono «fraternities» qui in Italia?

— No, ma per gli studenti stranieri, qui a Firenze, e anche a Roma, c'è una Casa dello Studente. Gli studenti italiani generalmente abitano con i genitori, con i parenti, oppure *affittano* una camera.

— È vero che le università italiane sono organizzate diversamente da quelle americane?

— Sì. Per esempio, non hanno nè trimestri nè semestri. L'anno scolastico incomincia in novembre e finisce in giugno.

---

pensione *boarding house*   fa bene fare due passi *a stroll is good for you*
a lezione *to class*   affittano *rent*

Studenti stranieri che imparano l'italiano.

— E gli esami quando li *danno?*

— Durante certe sessioni prestabilite. Lo studente si presenta agli esami quando si sente preparato. Inoltre, gli esami sono quasi tutti orali.

— Io ho già visitato l'Università di Bologna. È piena   5
di storia, ma non ha un «campus.»

— È vero; in generale le università italiane occupano vari edifici in varie parti della città.

— Siamo arrivati?

— Sì. Questa è l'entrata della *segreteria*. Ti lascio qui.   10
Mentre aspetti puoi leggere gli avvisi, e *magari* puoi fare qualche conoscenza.

L'INFINITO

Sempre caro mi fu quest'ermo *colle*,
e questá *siepe*, che da tanta parte
dell'ultimo orizzonte *il guardo* esclude.
Ma sedendo e *mirando*, interminati

danno *take*   segreteria *registrar's office*   magari *perhaps (wishfully)*
colle *hill*   siepe *hedge*   il guardo: lo sguardo, *view*   mirando *looking*

spazi *di là da* quella, e *sovrumani*
silenzi, e profondissima quiete
io nel pensier *mi fingo; ove* per poco
il cor non si spaura. E come il vento
odo *stormir* fra queste piante, io quello
infinito silenzio a questa voce
vo comparando: e mi sovvien l'eterno,
e *le morte stagioni*, e la presente
e viva, e il suon di lei. Così tra questa
immensità s'*annega* il pensier mio;
e il *naufragar* m'è dolce in questo mare.

di là da *beyond*   sovrumani *superhuman*   mi fingo *I imagine*   ove:
dove   il cor non si spaura *my heart is nearly frightened*   stormir *rustle*
vo comparando *I compare*   le morte stagioni *the past seasons*   s'annega
is drowned   naufragar *drowning*

LA SCUOLA ITALIANA

Roma: Il Liceo-Ginnasio Torquato Tasso.

Una gita con la maestra.

L a scuola che Roberto ha visitato in compagnia del suo amico Mario Pecchioli è, come abbiamo visto, un'università per stranieri. Le università per gli studenti italiani sono diverse da quelle per gli stranieri e ancora
5 più diverse da quelle in America. Infatti, tutto il sistema scolastico italiano ha un'organizzazione e un orientamento differenti da quelli americani.

In America l'*istruzione* pubblica è sotto la giurisdizione dei singoli stati e perciò varia da stato a stato. A volte le
10 differenze locali sono profonde e perciò i risultati dell'insegnamento sono molto diversi. In Italia l'istruzione pubblica è *affidata* a un ente centrale, il Ministero della Pubblica Istruzione, che ha completa responsabilità per tutto il paese. Questa organizzazione centrale tende a
15 creare un livello di uniformità nella preparazione degli studenti e nelle *materie di studio*.

Un'altra differenza fondamentale tra il sistema italiano e quello americano è nell'orientamento. In America quasi tutti i giovani finiscono le scuole *medie*, e molti di essi
20 continuano gli studi nei «colleges». La selezione tra studenti mediocri e studenti dotati non ha luogo fino al

istruzione *education*   affidata *entrusted*   materie di studio *school sub-*
jects   medie *secondary*

«college». In Italia questa selezione, fino a pochi anni fa, cominciava nelle scuole medie, con il risultato che un numero *esiguo* di studenti arrivava all'università.

Oggi invece, dopo le riforme adottate dal governo, l'ammissione alle università, basata su criteri diversi, ha 5 prodotto un numero molto più alto di *iscritti*.

Secondo la legge, tutti i ragazzi italiani sono obbligati a frequentare la scuola dall'età di sei fino a quattordici anni. I bambini italiani possono cominciare la scuola a quattro o cinque anni nelle cosiddette *Scuole Materne*. 10 Dopo la *Scuola Materna* viene la *Scuola Elementare* che ha una durata di cinque anni e che di solito comincia all'età di sei anni. Alla fine della *Scuola Elementare* il ragazzo deve frequentare la *Scuola Media Unica*, che dura tre anni. Dopo la scuola media lo studente può frequentare gli 15 *Istituti Magistrali*, il *Liceo* o gli *Istituti Tecnici* secondo gli studi che intende seguire. Gli Istituti Magistrali (quattro anni) preparano gli studenti per l'insegnamento nelle scuole elementari o medie. Il Liceo, suddiviso in *Liceo Classico*, *Liceo Scientifico* e *Liceo Artistico*, e gli Istituti Tec- 20 nici (ambedue cinque anni) preparano gli studenti per l'ammissione all'Università e per una eventuale prepara-zione professionale.

La vita dello studente universitario italiano è molto movimentata, specialmente se egli decide di seguire i 25 corsi. La frequenza, infatti, per la maggior parte delle materie non è obbligatoria, cosicchè lo studente può fre-quentare le materie di maggior interesse, e prepararsi le altre da solo. Il corso di *laurea dura* in media dai quattro ai sei anni, a seconda dell'*indirizzo scelto*. Le lezioni ini- 30 ziano a novembre e terminano a maggio. Il primo anno si possono cominciare a dare esami solamente a giugno. Durante l'anno ci sono varie sessioni d'esami: quella estiva (giugno-luglio), quella autunnale (ottobre-no-vembre), e infine quella invernale (febbraio). 35

L'attività politica è molto importante nelle università italiane.

esiguo: piccolo   iscritti *enrolled students*   laurea *degree*   dura *re-quires*   indirizzo scelto *major selected*

16

SOGGIORNO FIORENTINO

Firenze: Veduta da Piazzale Michelangelo.

È giovedì. Roberto ha quasi finito i soldi che ha cambiato a Milano, e deve andare a cambiare un paio di assegni per viaggiatori. Stamani s'è alzato presto, ha fatto la prima colazione — una colazione semplice, all'italiana, cioè caffè con latte e un panino con burro e marmellata — e poi è uscito. Voleva andare a una banca, ma poi ha *cambiato d'idea* ed è andato all'American Express per ritirare la posta.

È una giornata calda di luglio, ma in cielo vi sono delle grosse nuvole minacciose. Forse nel pomeriggio una bella pioggia rinfrescherà l'aria *afosa*. Roberto arriva all'ufficio dell'American Express, e prima di tutto va al banco dove una signorina distribuisce la posta.

— Buon giorno, signorina. C'è posta per Roberto Hamilton?

— Aspetti un momento . . . Gordon, Gould, Grant, Hill, Holt . . . No, non c'è niente per Lei signor Hamilton. Aspettava una lettera?

— Sì, ma pazienza! *Ripasserò* lunedì. In ogni modo, quando partirò per Roma L'avvertirò, così *farà seguire* le mie lettere. Senta, dove posso cambiare degli assegni per viaggiatori?

— Lì a destra, allo sportello del cambio.

— Grazie. *(Fra sè)* Guarda quanta gente! Devo *fare la coda* . . . Finalmente!

— Mi cambia questi due assegni per favore?

— Li firmi e mi mostri il Suo passaporto.

— Benissimo. *Ecco fatto!*

Roberto ringrazia l'impiegato, poi va al reparto di viaggi per chiedere delle informazioni, e lì si ferma a chiacchierare con un giovane impiegato, Paolo Fasetti, che è molto simpatico. Dopo circa mezz'ora esce e in pochi minuti arriva al Ponte Vecchio. Come sempre, il Ponte Vecchio è affollato di persone; molti sono turisti italiani e stranieri che prima guardano pazientemente le belle vetrine piene di gioielli, orologi, oggetti di *pelle*, ecc., e poi entrano nei vari negozi per comprare qualche ricordo. Roberto volta a sinistra, e quando arriva a Piazza del Mercato Nuovo entra in una libreria per chiedere le indicazioni per andare alle Cappelle Medicee.

— Buon giorno; cosa desidera?

5

10

15

20

25

30

35

40

---

cambiato d'idea *changed his mind*   afosa *sultry*   Ripasserò: Ritornerò
farà seguire *you will forward*   fare la coda *stand in line*   Ecco fatto
There   pelle *leather*

— Sì. Ha una piccola guida di Firenze con una pianta
della città?

— Guardi, c'è questa che costa poco e che è fatta ve-
5 ramente bene.

— Questa *va bene*. Senta, *mi segna* per favore sulla
pianta che via devo prendere per andare alle Cappelle
Medicee? Volevo andare *in tram* ma, come sa, c'è lo
sciopero dei tranvieri.

10 — Ecco, guardi. Segua questa via fino a quest'angolo.
Qui c'è il Palazzo Medici Riccardi. Volti a sinistra e
quando arriva a Piazza San Lorenzo chieda di nuovo e

va bene *is all right*   mi segna *will you mark for me*   in tram *by*
streetcar   sciopero dei tranvieri *streetcar conductors strike*

Le indicheranno l'entrata. Vuole vedere le tombe con le statue di Michelangelo?

— Sì. Le ho viste tante volte nei miei libri d'arte.

— Io le ho vedute molte volte; sono tutte belle, ma preferisco quella della Notte. «La notte che tu vedi in sì dolci atti . . .», è una breve poesia famosa, ma la troverà nella guida che ha comprato.

— Ho già visitato il Museo dell'Accademia perchè volevo subito vedere il David, e stamani voglio vedere le tombe. Buon giorno.

— Buon giorno e grazie. Allora segua questa via fino all'angolo. . .

La notte che tu vedi in sì dolci atti
dormire, fu da un angelo scolpita
in questo *sasso*, e perchè dorme ha vita;
destala, se *nol* credi, e *parleratti*.

(Poesia scritta da Giovanni Strozzi
per la «Notte» di Michelangelo)

sasso *stone*   nol: non lo   parleratti: ti parlerà

17

L'ARTE ITALIANA

La Turbie (Francia): Il Trofeo d'Augusto.

SCAAGNES · †SCA

*Ravenna: Mosaico
bizantino nella chiesa di
Sant'Apollinare.*

*Pisa: La Torre Pendente
e il lato posteriore della
Cattedrale.*

DALL'ARTE DELL'ANTICA ROMA
AL PERIODO ROMANICO E GOTICO

Il museo dell'Accademia di Belle Arti che Roberto ha visitato è uno dei molti musei di Firenze, e il David di Michelangelo è uno dei numerosi *capolavori* d'arte creati durante il Rinascimento. Questo periodo di cui Firenze, come abbiamo visto, fu il centro principale, fu veramente un'epoca gloriosa per l'arte.

Ma il Rinascimento è soltanto uno dei periodi della

5

capolavori *masterpieces*

tradizione artistica italiana. Questa tradizione risale,
senza interruzioni, all'antica civiltà romana. Oggi a Roma
esistono ancora numerosi esempi dell'arte della Roma
antica: il Colosseo, l'Arco di Tito, l'Arco di Costantino,
il Pantheon, le Terme di Caracalla, la Colonna Traiana,   5
la Colonna di Marco Aurelio, gli acquedotti e le rovine
del foro romano.

In Italia le arti continuarono a fiorire anche durante il
Medioevo, nel periodo bizantino — nel periodo romanico — e in quello gotico. Il centro dell'arte bizantina in   10
Italia fu Ravenna, dove nell'anno 402 fu trasferita la sede
imperiale. Ravenna offre anche oggi degli esempi straor-
dinari di quest'arte nell'architettura e nei mosaici delle
sue chiese, quali Sant'Apollinare Nuovo, Sant'Apollinare
in Classe, San Vitale, e il *battistero* degli Ortodossi. *In-*   15
dimenticabile è il Mausoleo di Galla Placidia che è un
caleidoscopio di colori. All'arte bizantina *si riallacciano*
gli splendidi mosaici di Palermo, di Monreale e di Cefalù
in Sicilia, e quelli della Chiesa di San Marco a Venezia.

L'architettura religiosa del periodo romanico — secoli   20
XI-XIII (undicesimo-tredicesimo) — esiste ancora in

battistero *baptistry*   Indimenticabile *unforgettable*   si riallacciano *are*
linked

Padova: Dettaglio del Giudizio Universale di Giotto nella Cappella degli Scrovegni.

edifici quali la chiesa di Sant'Ambrogio a Milano e il Duomo di Pisa. Quest'ultimo, che forma un gruppo omogeneo d'edifici con il Battistero e la famosa Torre Pendente, sembrò una tale meraviglia ai contemporanei
5 che essi chiamarono il luogo dove esso sorse *La Piazza dei Miracoli*.

L'arte gotica — secoli XIII-XIV (tredicesimo-quattordicesimo) — si manifestò non solo nell'architettura ma anche nella pittura e nella scultura. Tra gli edifici gotici
10 dobbiamo ricordare il Duomo di Milano e quello di Siena, che sono esempi di architettura religiosa, e il Palaz-

zo Vẹcchio a Firenze, il Palazzo Comunale a Siena, e il Palazzo dei Dogi a Venẹzia, che sono esempi di architettura civile. In pittura basta ricordare il nome di Giotto per capire che il perịodo gọtico fu molto importante nella stọria della pittura italiana. Con un profondo 5 senso realịstico Giotto prepara la *frattura* fra Medioevo e Rinascimento. I suoi affreschi più importanti si trọvano nella Basịlica di San Francesco ad Assisi, nella Cappella degli Scrovegni a Pạdova, e nella Chiesa di Santa Croce a Firenze. 10

Credette Cimabue nella pittura
   Tenẹr lo campo, e ora ha Giotto il grido
   sì che la fama di colui è scura.

                (Dante, *Purgatorio*, XI)

(Cimabue thought to hold the field in painting,
   and now Giotto has the acclaim,
   so that the other's fame is dim.)

frattura *break*

18

L'ARTE ITALIANA

Firenze: Scultura di Donatello nel Museo del Duomo.

Firenze: La Cappella dei Pazzi di Filippo Brunelleschi.

IL RINASCIMENTO, IL BAROCCO, L'OTTOCENTO E IL NOVECENTO

Il Rinascimento segnò un nuovo periodo nel campo delle arti. Lo splendore che le arti raggiunsero in quest'epoca non è forse mai stato eguagliato. In architettura la rinascita delle forme dell'antichità classica si deve a Filippo Brunelleschi, inventore della prospettiva architettonica. Il Brunelleschi *abbellì* la sua Firenze con la Cappella dei Pazzi, la Chiesa di San Lorenzo, e la *cupola* di Santa Maria del Fiore. Donatello *spazzò* via ogni convenzione gotica nella scultura con statue come David e San Giorgio a Firenze, e l'imponente statua equestre del *condottiero* Gattamelata a Padova. In pittura l'artista che *lanciò* il nuovo stile e che più di ogni altro influì sui grandi pittori del Rinascimento fu Masaccio. Durante il Rinascimento i grandi pittori, scultori e architetti si moltiplicarono, ed i loro capolavori si trovano ancora oggi

5

10

15

abbellì *beautified* cupola *dome* spazzò *swept* condottiero *mercenary war lord* lanciò *launched*

Firenze: Particolare del David di Michelangelo.

non solo in Italia ma in tutto il mondo. Sandro Botticelli e la sua *Nascita di Venere*, Leonardo da Vinci e la sua *Monna Lisa*, Raffaello e le sue numerose Madonne, Michelangelo con gli affreschi della Cappella Sistina, il *Mosè*
5 e il *David*, sono ancora e saranno sempre simboli delle supreme manifestazioni dell'arte. Ma anche in una *rassegna* affrettata non è possibile omettere il nome dei tre grandi coloristi della scuola veneta, cioè Tiziano Vecellio, Iacopo Robusti detto il Tintoretto, e Paolo Caliari,
10 detto il Veronese.

*Roma: La creazione di
Adamo di Michelangelo.*

Antonio Canova: Ebe.

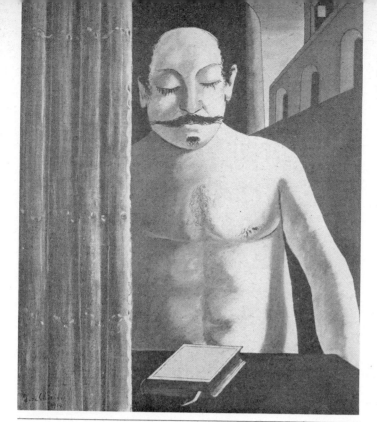

Giorgio de Chirico: Il cervello del bambino (The Child's Brain).

Al Rinascimento *appartengono* anche le graziose terre-cotte invetriate e smaltate di Luca e Andrea Della Rob-bia.

La fine del Rinascimento segnò la fine di un'epoca ec-
5 cezionale ma la tradizione artistica italiana ha continuato fino ai nostri giorni. Il complesso movimento detto Ba-rocco — secoli XVII (diciassettesimo) e XVIII (diciotte-simo) — ebbe come centro Roma, ed ebbe come maggior rappresentante l'architetto (*Colonnato di Piazza San Pietro*
10 a Roma) e scultore (*L'Estasi di Santa Teresa* a Roma) Gian Lorenzo Bernini. Alla scuola del barocco appartiene anche la bella chiesa di *Santa Maria della Salute* a Venezia, la *Scalinata di Trinità dei Monti* e la *Fontana di Trevi* a Roma.
15 Nella seconda metà del secolo diciottesimo abbiamo un ritorno alle forme classiche, e in Italia il grande pro-

appartengono *belong*

Roma: Particolare della porta della Basilica di San Pietro di Giacomo Manzù.

tagonista di questo «neoclassicismo» fu lo scultore Antonio Canova.

Nell'epoca moderna l'attività artistica in Italia rimane una delle espressioni fondamentali della sua cultura. Movimenti come quello dei *Macchiaioli* nel secolo XIX o quello dei *Futuristi* al principio di questo secolo, e pittori come Giorgio De Chirico, Amedeo Modigliani, Giorgio Morandi, e gli scultori Giacomo Manzù e Marino Marini continuano a dare all'Italia un posto eminente nell'arte internazionale.

5

10

A TAVOLA NON S'INVECCHIA

n appetito!

È sabato. Sono le otto e tre quarti di sera. Roberto è seduto a una tavola di un ristorante fuori Firenze. È seduto con Paolo Fasetti, il giovane impiegato che ha conosciuto all'American Express. Hanno letto attentamente il menu e hanno *scelto* alcuni piatti. I *prezzi* sono un po' cari, ma oggi tutto costa molto. Su una parete del ristorante c'è un cartello che dice: «A tavola non s'invecchia.»

— Che significa quella frase? — chiede Roberto.

— È un proverbio. Significa che a tavola nessuno *si accorge* del tempo che passa.

— Mi sono accorto che gl'Italiani *restano* a tavola molto tempo.

— È vero. Ci *teniamo* a mangiare bene. Abbiamo un altro proverbio che dice: «È meglio pagare il conto dell'oste che il conto del medico.»

— È giusto anche questo . . . Scusa un momento. Prima di mangiare voglio lavarmi le mani. (*A un cameriere*) Dov'è il *gabinetto*, per favore?

— *In fondo*, a destra.

— Grazie. (*Dopo poco ritorna*).

— Vedi che il cameriere ha già portato il prosciutto col melone? — dice Paolo.

— È la prima volta che mangio il prosciutto col melone. È squisito.

— Il prosciutto è buono anche coi fichi; ma i fichi non sono ancóra maturi.

— Peccato, perchè io sono *ghiotto di* fichi.

— Hai notato la varietà della cucina italiana?

— Sì. A Milano ho mangiato il risotto alla milanese; a Bologna i tortellini e il cotechino; e a Firenze la bistecca alla fiorentina.

— Ogni regione ha le sue specialità culinarie e i suoi vini tipici.

— Anche a Roma e a Napoli hanno dei piatti tipici?

— Sì, molti. A Roma dovrai provare i saltimbocca e a Napoli gli spaghetti con le vongole.

— Che cosa sono le vongole?

— Sono dei piccoli molluschi che danno un sapore speciale alla salsa di pomodoro.

scelto *selected*   prezzi *prices*   Si accorge *notices*   restano: stanno   ci teniamo *we care*   gabinetto *rest room*   In fondo *Down there*   ghiotto di *crazy about*

*L'appetito viene
mangiando*

    — *(Il cameriere)* Porto un fiasco di vino rosso?

    — No, una bottiglia di *Est, Est, Est* e acqua minerale —
dice Paolo.

    — Ho notato — dice Roberto — e *del resto* me lo di-
5 ceva anche mia madre, che gl'Italiani bevono uno o due
bicchieri di vino con i due pasti principali del giorno.

    — Sì, quasi tutti gli adulti bevono vino a colazione e
a pranzo, ma in generale gl'Italiani non fanno uso di forti
bevande alcoliche.

10   — È vero. Infatti nei vostri bar servono principalmente espresso, cappuccino, bevande e anche *dolci* e *cibi
leggeri*.

    A un certo punto il cameriere porta del pollo allo
spiedo con insalata verde e funghi fritti, e i due giovani
15 continuano a mangiare e a chiacchierare.

    — Coraggio — dice Paolo — l'appetito viene *man-
giando!*

---

del resto *besides*   dolci *pastries*   cibi leggeri *snacks*   mangiando *while
eating*

Il ristorante è *gremito di gente*, e l'aria risuona di voci allegre e di risate. Roberto e Paolo devono alzare la voce per poter continuare la conversazione.

— *(Il cameriere)* Desiderano un po' di torta? Abbiamo un millefoglie delizioso.

— Per me frutta di stagione — dice Roberto.

— Ti sei proprio italianizzato! In generale, alla fine del pranzo, gl'Italiani preferiscono la frutta alla torta.

— Quando fa caldo, però, preferisco un gelato, specialmente se c'è la cassata alla siciliana.

Più tardi:

— Cameriere, il conto — dice Paolo.

— Scherzi! Pago io — dice Roberto.

— No, no, pago io. E domani, dopo la partita di calcio, *faremo alla romana*.

EST, EST, EST

Est, Est, Est è il nome di un famoso vino di Montefiascone, una piccola città del Lazio. *Si racconta* che un vescovo tedesco, Giovanni Fugger, doveva andare a Roma e aveva incaricato un suo servo di precederlo e di segnare un *est* (dal Latino, cioè, «c'è») sulla facciata dell'*osteria* dove c'era il vino buono. Quando il servo arrivò a Montefiascone il vino era così squisito che scrisse a grandi lettere: *Est, Est, Est*. Quando il vescovo arrivò a Montefiascone *bevve* tanto di quel vino che morì. E da allora il vino di Montefiascone si gloria del motto *Est, Est, Est*.

gremito di gente: affollato   Faremo alla romana *We'll go Dutch treat*
Si racconta *They say*   osteria *inn*   bevve *drank*

Una partita di calcio.

*Il ciclismo è meno
popolare di una volta.*

S enza dubbio il *calcio* è uno degli sport preferiti
  dagl'Italiani. Al contrario del «football» americano che è essenzialmente uno sport per dilettanti, tanto
è vero che negli Stati Uniti quasi ogni scuola media e
ogni università ha la sua *squadra*, il calcio italiano è uno   5
sport di professionisti. In questo senso, fa pensare
all'organizzazione del «baseball» negli Stati Uniti. Ogni
grande città italiana ha la sua squadra di calcio che porta
il nome della città stessa che la ospita. C'è poi anche una
squadra nazionale che partecipa a partite con altri paesi   10
per il campionato europeo e mondiale. Fra i vari sport,
il *calcio* è quello che attira il maggior numero di spettatori. In Italia vi sono diversi grandi stadi, ma tanti sono
i «*tifosi*» che quando c'è una partita di grande interesse,
per esempio una partita fra l'Italia e un paese straniero,   15
l'intera partita è *trasmessa* per televisione.

Il calcio in Italia ha una lunga tradizione. A Firenze,
nel Rinascimento, giocavano partite di calcio in occasioni
speciali in Piazza Santa Croce. I giocatori erano vestiti
in costumi pittoreschi, e la partita durava circa un'ora.   20
Il calcio «*in livrea*», come dicono a Firenze, oggi ha luogo

calcio *soccer*   squadra *team*   tifosi *fans*   trasmessa *broadcast*   «in
livrea»: in costume

San Vito di Cadore nelle Dolomiti.

due volte all'anno, quasi sempre una domenica di maggio, e sempre in giugno nel giorno dedicato al patrono della città, cioè a San Giovanni, nella maestosa Piazza della Signoria. *Bisogna dire*, però, che il calcio in livrea
5 differisce molto dal calcio che giocano negli stadi moderni. Nella partita di calcio in livrea i giocatori formano due squadre di ventisette uomini, e le due squadre rappresentano rispettivamente i *rioni* situati sulla destra e sulla sinistra dell'Arno. Una squadra è vestita di bianco,
10 e una di verde. La partita è preceduta da un lungo e pittoresco *corteo* che attraversa la città e finisce sul campo di gioco. I partecipanti al corteo *indossano* eleganti costumi di vari colori che rappresentano le antiche *corporazioni* della città, e le varie categorie dell'antico esercito
15 cittadino: soldati, capitani *a cavallo*, tamburini, ecc. C'è anche una vitella bianca con le corna e gli zoccoli dorati, che è il premio dei vincitori.

Ma il calcio non è il solo sport popolare in Italia. Un altro sport che attira molti spettatori è il ciclismo: corse
20 di bicicletta su strada e in *pista*. Fra le prime occupa un posto speciale il *Giro d'Italia*, una corsa che dura circa

Bisogna dire *One must say*   rioni *districts*   corteo *parade*   indossano
wear   corporazioni *guilds*   a cavallo *on horseback*   pista *track*

venti giorni, e che *si svolge* per tutta la penisola. Ma bisogna dire che oggi l'interesse per questo sport è diminuito perchè le condizioni economiche del paese sono migliorate, e molti italiani che prima avevano una bicicletta oggi comprano l'automobile. Non ci sorprende quindi di constatare che in Italia sono assai popolari anche le corse di automobili, specialmente se teniamo presente che in Italia ci sono delle *ditte* che fabbricano delle automobili da corsa famose in tutto il mondo: le Ferrari, le Lancia, le Maserati e le Alfa Romeo.

In aumento oggi è l'interesse nel tennis, nella *pallacanestro*, nel *nuoto*, nella pesca subacquea, nello sci d'acqua, e particolarmente nello scì e negli sport invernali. Gli entusiasti della neve hanno una splendida *scelta* di centri invernali: Cortina d'Ampezzo e Sestriere sulle Alpi, l'Abetone in Toscana e Roccaraso negli Abruzzi. Meno popolari invece sono le corse dei cavalli, il *pugilato*, la *scherma*, che una volta aveva molti entusiasti, e l'*atletica leggera*. E infine, oggi c'è anche chi pratica il cosiddetto «footing,» cioè il *jogging* americano.

si svolge *takes place*   ditte *firms*   pallacanestro *basketball*   nuoto *swimming*   scelta *choice*   pugilato *boxing*   scherma *fencing*   atletica leggera *track*

A UNA CONFERENZA SU DANTE

Andrea del Castagno: Particolare del ritratto di Dante Alighieri.

*Firenze: Case degli
Alighieri (ricostruzione).*

Sono quasi due settimane che Roberto è a Firenze.
È domenica. Roberto e Mario sono usciti dalla
pensione e camminano verso Piazza della Repubblica.
Piove. Mario s'è messo l'impermeabile; Roberto che non
ha un impermeabile, ha un ombrello che gli hanno pre- 5
stato in pensione. I due amici *si recano* all'antico Palazzo
della Lana per sentire una conferenza su Dante Alighieri.
Il grande poeta fiorentino, che per ragioni politiche dovè
lasciare la sua patria quando aveva trentasei anni, amò
sempre la sua Firenze, anche se non potè mai ritornare 10
a vedere il suo «Bel San Giovanni,» la chiesa dov'era
stato battezzato. I fiorentini hanno sempre nutrito un
sincero amore per il loro *sommo* poeta, e nel Palazzo della
Lana c'è una grande sala, la Sala di Dante, dove per
molti anni i grandi dantisti hanno *tenuto* delle conferenze 15
su Dante e sulle sue opere.
  Anche se piove, la città è festosa: i marciapiedi sono
affollati, e negl'incroci più importanti, i vigili in guanti
bianchi gesticolano e controllano il passaggio dei veicoli.
L'aria è piena del suono delle campane che, da cento 20
campanili, chiamano i fedeli a messa.

si recano: vanno   sommo: grande   tenuto: fatto

Roberto e Mario arrivano a Piazza della Repubblica e si fermano sotto i portici davanti a un'edicola.

— Tu che giornale leggi qui a Firenze? — domanda Roberto.

5 — *La Nazione.* È un vecchio giornale, e in terza pagina c'è sempre qualche articolo letterario o un racconto di un noto scrittore contemporaneo.

— Dev'essere una caratteristica di molti giornali italiani. L'ho notato a Milano quando ho comprato il *Cor-*
10 *riere della sera.*

Dall'altra parte della piazza c'è molta confusione, e *si distinguono* le uniformi di alcuni carabinieri.

— Che sarà? — chiede Roberto.

— *Mah!* Forse una *manifestazione* politica. Andiamo *di*
15 *qua*; il Palazzo della Lana è a due passi. Guarda, ha quasi smesso di piovere.

— Chi sa dove abitava Dante quando era a Firenze?

— Abitava vicino a Piazza della Signoria. Dopo la conferenza ti porterò a vedere la cosiddetta Casa di Dante.
20 — Perchè, non è la vera casa di Dante?

— No, è una ricostruzione, ma è certo che la casa di Dante era in quel quartiere, e che si somigliava a quella che hanno ricostruita.

— Io di Dante so soltanto le poche cose che ho im-

Dall'altra parte *On the other side*   si distinguono: si vedono   Mah!
Who knows!   manifestazione: dimostrazione   di qua *this way*

parate in un corso di letteratura mondiale. So che scrisse varie opere in italiano e in latino.

— Hai letto la *Divina Commedia?*

— Non tutta. Solamente il primo canto dell'*Inferno*, l'episodio di Paolo e Francesca e quello del Conte Ugolino. 5

— Dante non è facile, ma ci sono molte edizioni annotate della *Divina Commedia*.

— E anche molte traduzioni in inglese. Io, a New York, ho una bell'edizione con le illustrazioni di Gustavo Doré. 10

— Hai mai veduto le illustrazioni del Botticelli?

— Sì, e anche quelle di William Blake.

— Ieri sono andato a Santa Maria del Fiore e ho veduto l'affresco di Michelino che rappresenta il poeta in piedi davanti al Purgatorio, parte dell'Inferno e parte dell'antica Firenze. 15

— Ecco l'entrata del Palazzo della Lana.

— È un edificio austero ma bello.

— Chi è il conferenziere di oggi? 20

— È un professore dell'Università di Padova.

— Perchè, a Firenze non ci sono professori di letteratura?

— Che c'entra? Non fare il buffone.

Entrano nella sala della conferenza. 25

— È una bella sala. C'è già molta gente — dice Roberto.

— Il professore non è ancora arrivato, ma andiamo a sederci.

— Di che cosa hai detto che parlerà? 30

— Della *Vita Nuova*, l'opera giovanile di Dante, e più precisamente dell' «amore» nella *Vita Nuova*. Tieni, mentre aspettiamo leggi questo famoso sonetto della *Vita Nuova*.

> Tanto gentile e tanto *onesta* pare
> la donna mia quand'ella *altrui* saluta,
> ch'ogni lingua *deven* tremando muta
> e li occhi *non l'ardiscon di guardare.*
> *Ella si va*, sentendosi *laudare*,
> benignamente d'umiltà *vestuta*;
> e par che sia una cosa venuta
> da cielo in terra a miracol mostrare.

onesta *decorous* altrui *someone* deven: diviene *(becomes)* non l'ardiscon di guardare *do not dare to look at her* Ella si va *she goes* laudare: lodare vestuta: vestita

Mostrasi sì piacente a chi la mira
    che dà per li occhi una dolcezza al core,
    che 'ntender *no* la può chi non la prova;
e par che da la sua *labbia* si mova
    un spirito soave pien d'amore,
    che va dicendo a l'anima: «Sospira».

22

UN PO' DI LETTERATURA ITALIANA

Personaggi della Commedia dell'Arte.

Spinettina

Scapino

Trivellino

Dante Alighieri nacque nel 1265 a Firenze e morì nel 1321 a Ravenna. Quando Dante nacque la letteratura italiana già esisteva, ma tale fu il suo genio e la sua grandezza, che non è errato definirlo il Padre della letteratura italiana. All'inizio della letteratura italiana troviamo due altri grandi scrittori, Francesco Petrarca (1304–1374) e Giovanni Boccaccio (1313–1375). Il primo fu un grande umanista, che si dedicò con interesse e passione allo studio delle letterature classiche. Ma fu anche un sommo poeta lirico, e molti poeti italiani e stranieri dei secoli seguenti s'ispirarono a lui e lo imitarono. *Sia* Dante *che* il Petrarca ebbero una donna che li ispirò: Dante ebbe Beatrice, e il Petrarca ebbe Laura. Anche Giovanni Boccaccio fu poeta, ma egli è ricordato specialmente come scrittore incomparabile di *novelle* nel suo famoso *Decamerone*. L'autore dei *Canterbury Tales*, Geoffrey Chaucer, conosceva bene le opere del Boccaccio, e ne fu un sincero ammiratore.

I tre scrittori italiani di cui abbiamo parlato *appartengono* agli inizi della letteratura italiana, tuttavia non è troppo difficile leggere le loro opere perchè la lingua italiana, contrariamente a quella inglese, non è cambiata molto attraverso i secoli.

Un altro periodo glorioso delle lettere italiane fu il Rinascimento, quel periodo che *abbraccia* il Quattrocento e il Cinquecento. Fu in quest'epoca di grande entusiasmo per le antiche letterature della Grecia e di Roma che fiorirono alcuni dei maggiori poeti e prosatori italiani: Lorenzo dei Medici e Angelo Poliziano, *entrambi* poeti lirici; Benvenuto Cellini, il noto artista, che scrisse la sua interessante *Vita;* Niccolò Machiavelli, storico e commediografo *insigne*, autore de *Il Principe*, uno studio penetrante di scienza politica; Ludovico Ariosto, autore del grande poema cavalleresco *L'Orlando Furioso;* e Torquato Tasso, che per la sua vita tragica e gli episodi commoventi del suo grande poema epico cavalleresco, *La Gerusalemme Liberata*, fu tanto ammirato dai poeti del periodo romantico in Italia e nel resto dell'Europa.

Sia . . . che *Both . . . and* novelle *short stories* appartengono *belong* abbraccia *includes* entrambi: tutti e due insigne *distinguished*

Nicolò Machiavelli.

Nel Rinascimento si sviluppò anche un genere di commedia italiana, la cosiddetta *Commedia dell'Arte*, che fu molto popolare in Italia e all'estero. La *Commedia dell'Arte* aveva speciali caratteristiche poichè le scene che la componevano non erano scritte *per intero* e gli attori improv- 5 visavano gran parte del dialogo seguendo la *trama* tracciata nello scenario. Alla *Commedia dell'Arte* dobbiamo i personaggi di Arlecchino, Pulcinella, Pagliaccio, e molti altri.

> Quant'è bella giovinezza,
>> che *si fugge tuttavia!*
>> Chi vuol esser lieto, sia:
>> di doman non c'è *certezza*
>
>> (Lorenzo de' Medici, *Canti Carnascialeschi*)

(This refrain is repeated throughout a Carnival song written by one of the most famous Florentines of the Renaissance, Lorenzo de' Medici, poet, diplomat, statesman, and patron of the arts.)

Commedia dell'Arte *Improvised Comedy (Plays by the Guild)* per intero: completamente trama *plot* si fugge tuttavia *is ever fleeting* certezza *certainty*

88

23

UN PO' DI LETTERATURA ITALIANA

na di una libreria.

Alessandro Manzoni.

DAL RINASCIMENTO ALL'EPOCA MODERNA

L a *Commędia dell'Arte* continuò il suo *sviluppo* in Italia ed in altri paesi europei anche dopo il Rinascimento nel periodo detto barocco. Ma il carattere della letteratura italiana nel barocco o Seicento è rappresentato particolarmente dalle ọpere di Giovạn Battista Marino (1569–1625). Infatti questa letteratura è spesso descritta dai tẹrmini *secentismo o marinismo*. Fu una letteratura basata sulla *preziosità* delle costruzioni e delle immạgini, su metạfore bizzarre in un linguạggio *ricercato*

5

sviluppo *development*   preziosità *affectation*   ricercato *refined*

e diffi̧cile, e tutto questo con l'intenzione di *suscitare* la
meravi̧glia nel lettore. Ma il peri̧odo barocco è anche un
peri̧odo di fȩrvide ricerche scienti̧fiche; *accanto alla* poesia
bizzarra di Marino c'è la prosa chiara e lu̧cida di Galileo
5 Galilei (1564–1642) che segnalò forse la più importante
rivoluzione scienti̧fica dei tempi moderni. E poi, ci sono
anche gli scritti filosȩfici di Tommaso Campanella (1568–
1639), frate domenicano che prevedeva un imminente
rivolgimento del mondo con la creazione di nuove isti-
10 tuzioni basate sulla comunità dei beni e su una religione
naturale.

Nel sȩcolo seguente, il Settecento, la tradizione di
studi filosȩfici e scienti̧fici continuò negli *scritti* di Giambattista Vico (1668–1744) che con la *Scienza nuova* ci ha
15 dato una delle ȩpere più originali nell'evoluzione del pensiero moderno. Il peri̧odo di Vico è il peri̧odo dell'illuminismo quando in tutta l'Europa una nuova fede
nella «ragione,» nella libertà di fede e di coscienza di-

suscitare *arouse*   accanto alla *next to, beside*   scritti: ȩpere

venta la forza più decisiva nella struttura sociale. Questa nuova fede si trova anche negli scritti di altri autori, e nel senso di moralità che forma la base delle loro opere. Così Giuseppe Parini (1729–1799) nella sua poesia, Carlo Goldoni (1707–1793) nelle sue commędie e Vittǫrio Alfieri (1749–1803) nelle sue tragędie, rappresęntano il desidęrio di dare all'ǫpere letterǎrie uno scopo sociale e polįtico. Il Goldoni, *dapprima* ammiratore della *Commędia dell'Arte*, fu poi riformatore di essa, e scrisse circa duecento commędie, alcune delle quali — come *La locandiera* e *Il ventǎglio* — sono spesso rappresentate anche negli Stati Uniti.

Il nuovo senso di uno scopo morale nella letteratura assume una forma speciale nell'Ottocento con il cambiamento della situazione polįtica. L'Ottocento è chiamato anche il perįodo del Risorgimento, cioè il perįodo della *lotta* per l'indipendenza polįtica del paese; ed è infatti in questo perįodo, nel 1860, che l'Itǎlia finalmente prende il suo posto in Europa come nazione lįbera e indipendente. Dal punto di vista letterǎrio questo è il perįodo detto romanticismo, e tra gli esponenti principali di questa corrente in Itǎlia troviamo Alessandro Manzoni (1785–1873) autore del più famoso romanzo italiano *I promessi sposi*, e Giǎcomo Leopardi (1798–1837) uno dei più grandi poeti lįrici d'Europa. Tra il 1860 e il presente la letteratura italiana riflette i cambiamenti sociali e polįtici del paese e rientra nella corrente mondiale, e scrittori e poeti come Giosuè Carducci, Grǎzia Deledda, Luigi Pirandello, Eugęnio Montale, e Salvatore Quasįmodo ricęvono il premio Nobel.

Oggi in America molti scrittori italiani moderni sono ben conosciuti, e i lettori americani leggono, in italiano o in traduzione, i romanzi di Alberto Morǎvia, Ęlio Vittorini e Įtalo Calvino, le poesie di Salvatore Quasįmodo, Eugenio Montale e Giuseppe Ungaretti, e le ǫpere drammątiche di Luigi Pirandello e Ugo Betti. È anche interessante notare che nelle vǎrie *librerie* delle nostre città troviamo anche le versioni inglesi di scrittori non tanto recenti come Alessandro Manzoni, Giǎcomo Leopardi, Giovanni Verga, Gabriele d'Annụnzio, e Įtalo Svevo.

dapprima *at first*   locandiera *innkeeper*   ventaglio *fan*   lotta *struggle*
I promessi sposi *The Bethrothed*   librerie *bookstores*

Tre casettine
dai tetti *aguzzi*,
un verde praticello,
un esiguo *ruscello:* Rio Bo,
un *vigile* cipresso.
Microscopico paese, è vero,
paese *da nulla*, ma però. . . .
c'è sempre di sopra una stella,
una grande, magnifica stella,
che *a un dipresso*. . . .
occhieggia con la punta del cipresso
di Rio Bo.
Una stella innamorata!
Chi sa
se *nemmeno* ce l'ha
una grande città.

Aldo Palazzeschi (1885–1974)

---

dai *with*   aguzzi *pointed*   ruscello *brook*   vigile *watchful*   da nulla
insignificant   a un dipresso *somehow*   occhieggia *flirts*   nemmeno *not*
even

DA FIRENZE A SIENA

Vigneto (vineyard) *del Chianti.*

Torri e tetti di San Gimignano.

R oberto voleva restare a Firenze qualche giorno di
più, ma due giorni fa ha ricevuto una lettera di
Nanda Ageno che gli ha fatto cambiare *proposito*. Nella
lettera Nanda diceva che un'amica l'aveva invitata a pas-
5 sare una settimana a Fregene, una piccola città balneare
vicino a Roma, e che stava per partire per Roma. . .
«arriverò a Firenze il pomeriggio del 23, e la mattina
dopo prenderò l'autobus che passa per Siena e arriva a
Roma la sera. Perchè non facciamo il viaggio insieme?
10 Ti telefonerò verso le diciannove. Saluti cordiali, Nanda.»
E così, stamani alle otto Roberto e Nanda sono saliti su
un grande *autopullman* azzurro che ora *si arrampica* per
una delle numerose colline che separano Firenze da
Siena. Le colline sono intensamente coltivate: dapper-
15 tutto alberi carichi di frutta, lunghe *file* di viti cariche
d'uva non ancora matura; e quà e là alti cipressi che si
rincorrono sulle *pendici* delle colline, o stanno solitari a
sorvegliare i lavoratori che caricano il *fieno* su carri rossi
a cui sono attaccati grossi *buoi* bianchi.
20 — «T'amo, o *pio* bove; e mite un sentimento
Di vigore e di pace al cor m'infondi. . .»
— Che cosa reciti? — domanda Roberto.
— È un famoso sonetto di Giosuè Carducci. Tutti i
ragazzi italiani lo imparano a memoria.

proposito: *idea (mind)* autopullman: autobus si arrampica *climbs*
file *rows* pendici *slopes* fieno *hay* buoi *oxen* pio: placido

*Veduta aerea della
Cattedrale di Siena.*

— Il paesaggio è meraviglioso, ma *all'anima* quante curve!

— È così fino a Roma, salvo qualche breve tratto di strada diritta. La Cassia segue il pre-Appennino, ed è piena di curve. Ma anche la Flaminia che passa per Perugia non è molto diversa. 5

— Quanti paesetti, e quante fattorie!

— Ci sei mai stata a Siena?

— Sì, due anni fa. Ci andai con la mia famiglia per vedere il Palio. C'era un ragazzo *a cui volevo bene.* 10

— *Eravate innamorati?*

— *Bè, così!* Ma non era un amore serio.

— Senti, perchè non mi dici che cosa è il Palio?

— È una corsa fantastica. È una corsa di cavalli che *risale* al Medioevo. Siena è divisa in diciassette contrade, 15 e ogni contrada ha i suoi costumi medioevali, la sua bandiera, e il suo *fantino.*

— Ah, è una corsa in costume?

— Sì. Prima della corsa c'è un corteo in costume che dura circa due ore. Dopo il corteo dieci cavalli, *tirati a* 20 *sorte,* corrono due volte in giro alla Piazza del Campo, che è *gremita* di spettatori. È una corsa pericolosa per i cavalli e per i fantini; c'è una curva che è micidiale. Poi

all'anima *goodness*   a cui volevo bene: che amavo   Eravate innamorati? *Were you in love?*   Bè, così *In a way*   risale *goes back to*   fantino *jockey*   tirati a sorte *drawn by lot*   gremita: piena

ti farò vedere, l'autobus si ferma proprio in Piazza del Campo.

— Non so perchè, ma non avevo mai sentito parlare del Palio.

5 — È strano, perchè, per esempio, io ho un vecchio numero del *National Geographic* che porta un articolo interessante sul Palio. Parla delle varie contrade: l'Oca, la Torre, la Giraffa, ecc., ed è accompagnato da molte illustrazioni in nero e a colori.

10 — . . . Guarda, quella è la strada che porta a San Gimignano. Me ne ha parlato il mio professore di pittura.

— Sì, San Gimignano *dalle* Belle Torri. È una piccola città che ha conservato l'aspetto di molti secoli fa: alte torri, strade strette, e due belle piazze nel cuore della 15 città.

— L'autopullman ha rallentato.

— Sì, perchè ci sono dei *lavori in corso*. Ma stiamo per arrivare a Siena. Riconosco la torre di marmo del Duomo con le strisce bianche e nere.

DETTO

Siena
Di quattro cose è piena:
Di cavalieri e dame,
Di torri e di campane.

---

dalle: con le   lavori in corso *road under construction*

25

IN VIAGGIO PER ROMA

Roma: Piazza della Minerva. (L'elefante è del Bernini.)

L'autobus in cui viaggiavano Nanda e Roberto arrivò a Siena verso mezzogiorno e mezzo. Appena ebbero fatto colazione i due giovani visitarono la cattedrale e poi fecero un lungo giro per la parte antica della città. I vecchi palazzi e le strade strette che risalgono a molti secoli fa *ritengono* il loro carattere medioevale, e Roberto trovò la passeggiata molto interessante.

Dovevano ripartire alle due e mezza, ma verso le due il tempo era già cambiato, il cielo si era coperto di *nuvole*, e poco dopo cominciò a piovere. Tutti i viaggiatori erano già ritornati alla fermata dell'autobus alle due e un quarto, e l'autista decise di partire subito. Il viaggio da Siena a Roma non fu molto interessante. La campagna, sotto la pioggia leggera ma continua aveva un aspetto piuttosto triste. Nell'autobus tutti i passeggeri erano silenziosi. Roberto aveva conversato un po' con Nanda, poi aveva cercato di leggere un libro su Roma che gli aveva regalato un amico quando era partito dall'America, ma a poco a poco s'era addormentato con il libro aperto sulle ginocchia.

Il libro di Roberto era intitolato *Roma, Città Eterna*. Questa descrizione della capitale italiana, anche se non è molto originale, è esatta. Dalla sua fondazione nel sesto secolo a.C. (avanti Cristo) fino ad oggi Roma è sempre stata un centro della civiltà occidentale. Per questa ragione Roma ha un fascino speciale per il turista.

I monumenti della Roma antica come il Colosseo, il Foro, il Pantheon, Castel Sant'Angelo, e molti altri, sono muti ma vivi testimoni dell'antico splendore della Roma Imperiale. Per quelli che visitano Roma come centro del mondo cristiano hanno grande interesse le Catacombe, le prime chiese cristiane, e naturalmente San Pietro e la Città del Vaticano. Le piazze e le fontane romane, costruite quasi tutte durante il secolo diciassettesimo, o periodo barocco, danno un carattere speciale a molti quartieri di Roma.

Ma Roma, che è la capitale d'Italia e la *sede* del governo italiano, oggi è soprattutto una città moderna, piena di vita e di movimento. La sua popolazione di più di due milioni d'abitanti è in continuo aumento, e per conseguenza il suo aspetto cambia di anno in anno. Nuovi

---

ritengono *preserve*   nuvole *clouds*   sede *seat*

quartieri moderni, nuove strade, nuove piazze e nuovi edifici *sorgono* con una rapidità incredibile. Ma la Roma antica, la Roma medioevale, la Roma del Rinascimento non spariscono. E questo contrasto di antico e di mo- 5 derno, di medioevale e di barocco, di tradizionale e di nuovo, rendono Roma una città unica al mondo.

Tutto questo era nel libro di Roberto, ma lui non lo lesse perché *si era addormentato*. Era quasi *buio* quando Nanda lo svegliò e gli disse che stavano per arrivare a 10 Roma. Fuori pioveva ancora.

sorgono *appear*   si era addormentato *he had fallen asleep*   buio *dark*

26

LETTERA DA ROMA

Alla fermata degli autobus.

Roma, 5 agosto . . .

Egregio Professore,

Avrei voluto scriverLe prima, ma
sfortunatamente quando si viaggia manca
sempre il tempo di fare tutto quello che si
vorrebbe.

Il mio viaggio da New York a Milano fu
lungo e piuttosto monotono, però ebbi la
fortuna di conoscere un giovane italiano che
mi portò con la sua macchina da Milano a
Bologna. Ho anche conosciuto una sua cugina,
che in questi giorni si trova a Roma.
Infatti, domani sera andrò all'opera con
lei.

Sono certo che Lei è curioso di sapere
le mie impressioni dell'Italia, ma non mi
sento ancora in grado di parlargliene
chiaramente. Le posso dire però che anche se
le mie impressioni sono ancora confuse, sono
nondimeno piacevoli.

Non sono che poche settimane che mi
trovo in Italia, ma già mi rendo conto perchè
il Suo paese è sempre stato così caro ai
pittori e agli artisti. L'aspetto fisico
dell'Italia è una continua ispirazione con i
suoi contrasti e con la sua svariata
bellezza. Ho già fatto numerosi schizzi e
spero che alcuni diventeranno dei veri
quadri. Appena mi sarò stabilito mi metterò
subito al lavoro.

---

in grado di *qualified*   mi rendo conto *I realize*   svariata *varied*   mi
metterò subito al lavoro *I'll immediately start working*

Come ho già scritto ai miei genitori, in generale ho trovato gl'Italiani molto gentili e cordiali. Lei me lo aveva già detto, ma <u>dato che</u> manca dall'Italia da molti anni, sarà felice di sapere che in questo riguardo non sono cambiati.

Senza dubbio, anche se ci sono molte <u>somiglianze</u> fra l'Italia e gli Stati Uniti — <u>ingorghi di traffico</u>, supermercati, grandi magazzini con ogni <u>sorta</u> di merce, <u>locali</u> "disco," giovani che portano i blue jeans, ecc. — numerose sono anche le differenze. E parlando di differenze, una cosa a cui non mi sono ancora abituato è l'orario dei negozi. Anche oggi, a dispetto del cambiato tenore di vita dovuto all'industrializza- zione del paese, gl'impiegati e i <u>negozianti</u> vanno a casa verso mezzogiorno e non ritornano al lavoro prima delle tre del pomeriggio, per poi ritornare a casa verso le sette o le otto di sera. E così per due o tre ore i negozi sono chiusi. Come diceva spesso Lei, "<u>paese che vai</u>, <u>usanza che trovi</u>."

Insomma, fino a ora il mio viaggio è stato veramente interessante. Devo dire che <u>mi ci trovo molto bene</u> in Italia e non vedo l'ora di sistemarmi in un appartamento o <u>presso</u> una famiglia.

E ora mi permetta ancora una volta di esprimerLe la mia riconoscenza per tutto

dato che: poichè somiglianze *similarities* ingorghi di traffico *traffic jams* sorta *kind* locali *spots* negozianti *merchants* paese che vai, usanza che trovi *every country has its customs* mi ci trovo molto bene *I am happy* presso *with*

quello che ha fatto per me, e di ripęterLe
che cercherò di ęssere degno della Sua
stima.

                                  Suo
                              Roberto

P.S. Gradirei tanto una Sua lęttera. Per il
momento il mio indirizzo è <u>Presso</u> American
Express, Roma.

Presso *Care of*

27

ALLE TERME DI CARACALLA

Una scena di Madame Butterfly

*Una scena dell'*Aïda

R oberto è nella sua camera d'albergo; ha letto i risultati delle ultime partite di calcio e ora sta leggendo gli *annunci pubblicitari*. Squilla il telefono.

— Pronto!

— Pronto, Roberto, sono io, Nanda.   5

— Ah, ciao, Nanda; com'è andata?

— Bene, sono riuscita a trovare due biglietti per stasera.

— Ma stasera danno il *Rigoletto*.

— Lo so, ma *cosa vuoi*, era già così tardi che tutti i   10 biglietti per l'*Aïda* erano esauriti.

— Hai ragione. Ma ci tenevo tanto a vedere l'*Aïda* domani sera.

— Sarà per un'altra volta. Dunque dove c'incontriamo?

— Dove vuoi; io non ho niente *in programma* per il   15 pomeriggio.

— Mi dispiace ma io devo farmi lavare i capelli; se vuoi possiamo cenare insieme.

— Va bene; passerò a prenderti a casa della tua amica verso le sette e mezzo.   20

— Va bene, ciao.

— Ciao, Nanda.

Roberto riattacca il ricevitore. Peccato! Avrebbe proprio voluto vedere l'*Aïda!* In pochi minuti finisce di leggere il giornale, poi scende giù nell'atrio dell'albergo.   25 Vorrebbe consultare una pianta di Roma per vedere precisamente dove sono le Terme di Caracalla. Si avvicina al banco e domanda all'impiegato:

— Scusi, ha una pianta di Roma?

— Certo; eccola.   30

— Grazie.

— Dove vuole andare?

— Vado all'opera alle Terme di Caracalla stasera e vorrei sapere *come si fa per andarci*.

— È facilissimo; c'è l'autobus che passa proprio da-   35 vanti all'albergo.

— Già, ma devo prima fermarmi a prendere un'altra persona che sta ai Parioli.

— Allora *Le conviene* prendere un tassì.

— *Mi levi una curiosità*; perchè si chiama Terme di   40 Caracalla il teatro?

annunci pubblicitari *wants ads*   cosa vuoi *you know how it is*   in programma *planned*   come si fa per andarci *how one goes there*   Le conviene *it pays you*   Mi levi una curiosità *Satisfy my curiosity*

— Non è mica un teatro! — dice l'impiegato, e sorride. — Le Terme di Caracalla sono un antico edificio costruito durante l'impero di Caracalla. Ai suoi tempi era usato per bagni pubblici. Oggi restano soltanto alcune rovine del vasto edificio, e durante l'estate vi danno delle opere all'aperto.

— Ah, è all'aperto!

— Sì, sotto le stelle.

— Grazie.

Roberto ritorna in camera, fa la doccia e poi si veste. Verso le sette passa a prendere Nanda; mangiano in una piccola trattoria, e poi vanno alle Terme dove arrivano pochi minuti prima dell'inizio dello spettacolo.

— Non lo sapevo che era uno spettacolo all'aperto — dice Roberto.

— Ah no? È molto bello, vedrai. Ora entriamo perchè l'opera sta per cominciare.

Roberto si guarda attorno con curiosità. L'effetto è veramente straordinario. Il teatro è immenso: è un vero mare di file e di posti. In fondo, le maestose rovine dell'antico edificio romano si alzano nell'oscurità dietro al palcoscenico e contrastano vivamente con le luci della ribalta. Roberto si volta verso Nanda e le dice:

— È proprio bello . . . anche se non danno l'*Aïda!*

— Non fare lo spiritoso!

Una maschera conduce i due giovani ai loro posti. Dopo poco le luci *si spengono* e il pubblico aspetta in silenzio l'arrivo del direttore d'orchestra.

ARIA

Caro nome che il mio cor
Festi primo palpitar,
Le delizie dell'amor
Mi *dêi* sempre rammentar!

Col pensier il mio *desir*
A te sempre volerà,
E fin l'ultimo sospir,
Caro nome, tuo sarà.

(*Rigoletto*, Atto I)

si spengono *go out*   Festi: Facesti   dêi: devi   desir: desiderio

28

MUSICA ITALIANA

Interno del Teatro della Scala.

Claudio Monteverdi.

Giuseppe Verdi.

Giacomo Puccini.

L'OPERA DALLE ORIGINI AI NOSTRI GIORNI

Il *Rigoletto*, l'opera di Giuseppe Verdi che Roberto Hamilton ha visto alle Terme di Caracalla in compagnia di Nanda, è una delle opere liriche italiane più conosciute. Da quando fu presentata per la prima volta
5 al Teatro della Scala a Milano nel 1851 fino ad oggi, il *Rigoletto* è stato rappresentato migliaia di volte.

Quest'opera, *nondimeno*, è soltanto una delle tante opere che fanno parte della ricchissima tradizione operistica italiana che risale a molti secoli fa. Infatti l'opera italiana,
10 o melodramma — cioè dramma musicato — come fu chiamato dai suoi inventori, nacque a Firenze verso la

nondimeno *nonetheless*

fine del secolo sedicesimo. Un piccolo gruppo di musicisti, sotto la direzione di Vincenzo Galilei, padre del famoso scienziato, cominciò a *riunirsi* in casa del Conte Bardi con il proposito di dare alla musica un nuovo orientamento. Questo gruppo fu chiamato *La Camerata dei Bardi* o *Camerata Fiorentina* e il risultato principale delle sue ricerche sulla musica degli antichi Greci fu appunto la creazione del melodramma.

Per tutto il secolo diciassettesimo il melodramma ottenne gran successo, prima nelle corti dei principi e poi nei teatri pubblici. Grandi musicisti, come Jacopo Peri e Claudio Monteverdi dettero al melodramma dei veri capolavori artistici. Jacopo Peri scrisse la prima opera, *Dafne*, nel 1597. Claudio Monteverdi (1567–1643), uno dei più grandi compositori italiani, scrisse l'opera *Orfeo* e la famosa aria dell'*Arianna*, «Lasciatemi morire.»

Dalle origini fino ai tempi moderni la tradizione dell'opera in Italia non è mai stata interrotta. I nomi dei grandi musicisti come Giovanni Battista Pergolesi (1710–1736), Gioacchino Rossini (1792–1868), Gaetano Donizetti (1797–1848), Vincenzo Bellini (1801–1835), Giuseppe Verdi (1813–1902), Giacomo Puccini (1858–1924), e Pietro Mascagni (1868–1945) sono gli *anelli* di questa *catena*. Forse non tutti conoscono l'opera comica del Pergolesi *La serva padrona*, ma tutti riconoscono qualche aria dell'opera *buffa* del Rossini *Il barbiere di Siviglia* o il *Guglielmo Tell*. Altre opere come la *Lucia di Lammermoor* di Donizetti, la *Norma* di Bellini, l'*Aïda* di Verdi, la *Bohème* di Puccini, e la *Cavalleria rusticana* di Mascagni continuano a essere presentate in tutti i teatri d'opera del mondo.

Che cosa è un'opera? Un'opera è un dramma o una commedia in cui gli attori non recitano la loro parte, ma la cantano. Il testo cantato di un'opera si chiama «libretto»; se il libretto è un dramma o una tragedia, il lavoro si chiama semplicemente «opera»; se invece il libretto è una commedia, il lavoro si chiama «opera buffa». *Siccome* l'opera fu un'invenzione italiana, la terminologia è quasi tutta italiana in tutte le lingue del mondo. Così, per esempio, i nomi che distinguono le diverse voci dei cantanti sono italiani: tenore, baritono, basso (*voci maschili*); soprano, mezzo soprano, coloratura

riunirsi *gather*   anelli *links*   catena *chain*   buffa *comic*   Siccome: poichè

(*voci femminili*). E non dimentichiamo il «Bel canto», che si riferisce alla perfetta educazione della voce, e che fiorì nei secoli diciassettesimo e diciottesimo.

Mascagni morì nel 1945, ma la sua *Cavalleria rusticana* risale al 1890 e *Madame Butterfly* di Puccini al 1904. In tempi più recenti i maggiori compositori d'opera italiana sono stati Alfredo Casella (1883–1947), Gian Francesco Malipiero (1882–1973), e Luigi Dallapiccola (1904–1975). Casella insegnò sia a Parigi che all'Accademia di Santa Cecilia a Roma. Malipiero, che ha composto molta musica di ogni genere, è stato direttore del Conservatorio di Venezia. Luigi Dallapiccola insegnava al Conservatorio di Firenze; la sua opera *Il prigioniero* è scritta col metodo di musica dodecafonica che risale al compositore Arnold Schönberg. Oggi l'opera è ancora uno degli spettacoli musicali più coltivati in tutto il mondo civile, e in Italia la tradizione continua a vivere nei grandi teatri come La Scala di Milano, il San Carlo di Napoli, il Teatro dell'Opera di Roma, ed il Teatro Massimo di Palermo.

LAMENTO D'ARIANNA

Lasciatemi morire;
e *chi volete voi che mi conforte,*
in così dura sorte
in così gran martire?
Lasciatemi morire.

chi volete voi che mi conforte *who can possibly comfort me*

29

MUSICA ITALIANA

Niccolò Paganini (Ritratto di J.A.D. Ingres).

L'ORATORIO. LA MUSICA STRUMENTALE

L'influsso delle riforme musicali *apportate* dalla *Camerata dei Bardi* e dai suoi successori non si limitò
all'opera solamente. Nel tardo Seicento, e nel Settecento,
nacque in Italia la musica sinfonica, le cui norme com-
5 positive furono fissate dai musicisti di quel tempo, quali
Domenico Scarlatti, Arcangelo Corelli, Antonio Vivaldi,
Baldassare Galuppi ed altri. Anche in questo campo troviamo che la terminologia è in gran parte italiana nel
nome delle composizioni (*sonata, fuga, concerto*), nel nome
10 degli strumenti (*violino, violoncello, viola da gamba, pianoforte*), e nelle parole usate per indicare il carattere di un
movimento e di una composizione (*adagio, lento, allegro,
con brio, fortissimo*).

apportate *brought about*

Ma già in pieno Rinascimento, cioè nel Cinquecento, Pier Luigi Palestrina aveva creato uno stile detto *a cappella, ossia* musica per voci sole, che rimane uno dei più begli esempi di musica sacra.

Un altro esempio di musica sacra è l'oratorio che si 5 sviluppò nel tardo Rinascimento. L'oratorio, che è un componimento musicale di soggetto religioso, derivava dalle *laudi* cantate negli oratori, specialmente nell'oratorio di San Filippo Neri a Roma. La trama, naturalmente, derivava dalla Bibbia e da altre fonti religiose. Fra i nu- 10 merosi compositori di oratori basterà ricordare Giacomo Carissimi (1605–1674) e Gian Battista Pergolesi (1710–1736).

Nel Rinascimento fiorì anche la musica strumentale, e sappiamo che eccellenti *complessi* di strumenti esiste- 15 vano nelle corti di Ferrara, Firenze e Venezia. Già nei primi decenni del Seicento i virtuosi italiani fanno conoscere la loro tecnica all'estero; una tecnica che più tardi *conterà* i nomi famosi di Arcangelo Corelli (1655–1713) e Niccolò Paganini (1782–1840). Ma l'Italia non ha ec- 20 celso soltanto nell'arte e nella tecnica del violino; anche il violoncello può dirsi uno strumento tipicamente italiano. Nel Seicento un celebre violoncellista e compositore per il violoncello fu Domenico Gabrielli (1655–1690). Ma nel campo della musica strumentale non possiamo 25 dimenticare il nome di uno dei più grandi musicisti italiani di tutti i tempi, Antonio Vivaldi (1675–1743). Vivaldi fu maestro di cappella in varie città italiane, fra cui Milano e Roma. Compositore attivissimo, scrisse lavori di ogni genere. Fra i lavori strumentali, scrisse vari 30 «concerti grossi,» e anche concerti solistici per violino, viola d'amore e altri strumenti. Lo stile del Vivaldi è di grande importanza storica, come dimostrano le edizioni nazionali ed estere delle sue opere, e lo studio dedicato alla sua musica in Italia, in Francia, in Olanda, e so- 35 prattutto in Germania dove ebbe la profonda ammirazione di Johann Sebastian Bach. Oggi, grazie al rinnovato gusto per la musica da camera e al numero di importanti orchestre da camera, la musica di Vivaldi risuona spesso nelle sale da concerto di tutte le parti del 40 mondo.

114   ossia: cioè   laudi *hymns*   complessi *ensembles*   conterà: includerà

L'Italia ha dunque apportato un contributo fondamentale allo sviluppo della musica del mondo occidentale. Oggi la musica rimane una delle arti più coltivate in Italia e, anche se i musicisti italiani sono molto attivi nel campo della musica moderna — basti pensare alla musica elettronica di Luigi Nono e agli esperimenti di musica col computer — le antiche tradizioni non sono dimenticate del tutto.

30

UNA LETTERA A ELIO MARTELLI

Un momento di riposo a Villa Borghese.

S tamani alle dieci Roberto aveva un appuntamento
con il professor Bertelli. Si è svegliato presto, si
è alzato, e prima di colazione ha scritto questa lettera al
suo amico Elio di Bologna.

Una della fontane di Tivoli.

                              Roma, 9 agosto . . .

Caro Elio,
      Spero che mi scuserai se non ti ho
scritto prima. Come sai Nanda è stata a Roma
fino a pochi giorni fa, ma ora è di nuovo a
Milano. Ieri sono andato a vedere una camera
presso una famiglia in Via Po; è molto
grande e ariosa, e inoltre dà sul giardino
di Villa Borghese. Ho quasi deciso di
prenderla per quattro o cinque mesi; quando
mi sarò stabilito, ti manderò l'indirizzo
preciso.
      Roma è veramente affascinante: non solo
la città stessa con le sue vie, le sue
piazze e le belle fontane, ma anche la
campagna circostante con gli acquedotti, i
tipici pini a ombrello, e i graziosi paesi
dei Castelli Romani. A proposito dei
Castelli Romani, ho saputo che in ottobre a
Marino ci sarà la Sagra dell'Uva, ed io non
mancherò di andarci. La Sagra dell'Uva è una
festa animata con illuminazione delle vie e
delle piazze, fuochi artificiali,
processione religiosa, benedizione dell'uva,
ecc. Mi hanno detto che durante la festa c'è
una fontana che getta vino invece di acqua!
      Con Nanda una domenica siamo andati a
Tivoli a visitare la Villa d'Este, una delle
più belle ville del Rinascimento: non ho mai
veduto tante fontane! Ma, come sai, Roma è
la città delle fontane, e alcune, come

circostante *surrounding*   A proposito dei *concerning*   ho saputo *I have
learned*   sagra dell'Uva *grape festival*   fuochi artificiali *fireworks*   getta
spouts

quella di Trevi, quella dell'Esedra, e
quelle di Piazza Navona, la sera sono
illuminate e presentano un colpo d'occhio
indimenticabile. Non mi sorprende che
Ottavio Respighi abbia _composto_ la bella
musica de _Le fontane di Roma_.

Naturalmente, dato che l'arte
m'interessa in modo speciale, ho già
visitato i _Musei Capitolini_, La _Galleria
Borghese_ e la _Galleria Nazionale d'Arte
Moderna_. _Inutile dire che_, anche se io
m'interesso soprattutto di arte moderna, gli
affreschi di Michelangelo nella Cappella
Sistina e quelli di Raffaello nelle Stanze
del Vaticano mi entusiasmano in modo
particolare.

Ho visitato anche alcune delle
innumerevoli chiese e basiliche romane. San
Pietro è un mondo in se stesso: con la sua
cupola nobile e ariosa, con le sue navate
immense ma perfettamente proporzionate, con
i suoi quarantacinque altari, e poi, con
quel colonnato del Bernini che abbraccia
l'immensa piazza su cui domina l'imponente
facciata della cattedrale. La prima volta
che ho visto San Pietro _sono rimasto a bocca
aperta_. Ma sai? Io mi sento attirare
irresistibilmente dalle "vecchie" chiese
che, a dispetto delle trasformazioni fatte
in tempi meno remoti, riportano il
visitatore ai primi secoli del
cristianesimo: San Clemente, Santa Maria in

---

composto _composed_   Inutile dire che _needless to say_   sono rimasto a
bocca aperta _I was stunned_

Cosmedin, e specialmente Sant'Agnese. Non ho
ancora avuto tempo di scendere in una delle
catacombe, ma come si fa? O prima o poi
dovrò farmi una specie d'itinerario, così
tutti i giorni avrò un programma preciso.

L'altro giorno, mentre gironzolavo nei
pressi della stazione Termini, mi sono
trovato in Piazza Vittorio Emanuele. È una
grande piazza, con un giardino pubblico in
mezzo, dove tutte le mattine c'è un grande
mercato di carne, pesce, frutta, erbaggi e
fiori. Ci sono anche delle bancarelle con
vestiti, scarpe, ecc. Rammenta altri piccoli
mercati rionali tipici delle città italiane.
C'è una confusione da non si dire, ma è
affascinante osservare i vari rivenditori
che strillano e gesticolano per attirare i
compratori, e la ressa di donne e uomini che
fanno la spesa. Nelle strade vicine ci sono
gli altri negozi tipici: il panificio, la
latteria, la drogheria, la pizzicheria, ecc.
Ormai non sorprende vedere che anche in
Italia vi sono i supermercati. Tutto il
mondo è paese!

Se decidi di fare una scappata a Roma
verso la fine di settembre, informami con
una lettera o con un telegramma del giorno e
dell'ora del tuo arrivo.

Tanti saluti, tuo

Roberto

---

gironzolavo: passeggiavo   in mezzo: nel mezzo   erbaggi *vegetables*
da non si dire *indescribable*   rivenditori *sellers*   strillano *shout*   ressa:
folla   drogheria *grocery*   pizzicheria *delicatessen*   Tutto il mondo è
paese *All the world is the same*   scappata *quick trip*   Tanti saluti *Best
regards*

LETTERA DI ELIO A ROBERTO

Venezia: La Basilica di San Marco.

Bologna, 11 agosto. . . .

Caro Roberto,

Sono ritornato oggi a Bologna da Venęzia, dove sono stato per alcuni giorni, e ho trovato la tua lęttera che era arrivata ieri l'altro. È stata proprio una <u>gradita</u> sorpresa e mi <u>ha</u> <u>fatto</u> <u>tanto</u> <u>piacere</u> avere tue notįzie.

Venęzia è sempre stata per me il luogo ideale per riposare, specialmente perchè non ci sono nè automezzi nè tram. Si può andare a piedi <u>dovunque</u>, senza il perįcolo di ęssere <u>investiti</u>. È veramente una città incantęvole e così diversa dalle altre città italiane, infatti da qualsįasi città del mondo, e non solo nel suo aspetto fįsico, ma anche nella sua stǫria, nei suoi costumi e nelle sue leggende.

La prima volta che si vede Venęzia si ha l'impressione di ęssere in una città che sia stata <u>inondata</u>. Ma una gǫndola che <u>spunta</u> <u>all'angolo</u> d'un palazzo ci ricorda che siamo a Venęzia. Sono sicuro che quando visiterai Venęzia per la prima volta ti domanderai, come feci io, come questa singolare città sia nata. Molti sęcoli fa essa fu fondata dagli abitanti delle pianure e dei monti circostanti che, <u>fuggendo</u> dagli invasori, cercąrono rifųgio nelle <u>paludi</u> lungo la costa. A poco a poco si sviluppò la città, che oggi consiste di circa 160 canali che

gradita *welcome*   mi ha fatto tanto piacere *I was very happy*   dovunque *everywhere*   investiti *run over*   inondata *flooded*   spunta all'angolo *appears around the corner*   fuggendo *fleeing*   paludi *marshes*

racchiudono piú di 115 isolotti comunicanti
tra loro per mezzo di circa 400 ponti. Il
canale maggiore, come saprai, è il Canąl
Grande. Quando arriverai alla stazione di
Venęzia e uscirai fuori ti troverai proprio
sul Canąl Grande giacchè a Venęzia non ci
sono strade. Per andare all'albergo potrai
prendere o una gondola o il vaporetto che lì
corrispondono rispettivamente al tassì e
all'ąutobus. Io ti consiglierei di andare in
gondola, così potrai godere con agio la
bellezza e il fąscino della città. Tu che
sei pittore ti accorgerai sųbito che una
delle caratterįstiche di Venęzia è
l'abbondanza e la varietà dei colori che
dappertutto ti circondano trasportąndoti in
un mondo di fantasia.

    Il Canąl Grande traversa tutta la città
e sbocca nella laguna vicino a Piazza San
Marco, il cuore della città. Dalla Piazzetta
attįgua a Piazza San Marco, guardando verso
la laguna si vede l'įsola di San Giǫrgio,
molto vicina, e in lontananza il Lido che
protegge la laguna e la città dai temporali
del mare. Procedendo verso Piazza San Marco
c'è il Palazzo dei Dogi a destra e il
Campanile a sinistra, poi proprio davanti
alla grande piazza, sempre a destra c'è la
chiesa di San Marco. Come artista noterai
sųbito la prevalenza di elementi bizantini
fusi con un'armonia inaspettata con
l'architettura gǫtica. Come sai, Venęzia,

giacchè: poichè   vaporetto *small steamer*   agio *comfort, leisure*   sbocca:
finisce   temporali: tempeste

Venezia: Il Ponte alla stazione.

Venezia: La Chiesa di Santa Maria della Salute.

124

che per molti secoli fu una repubblica
marinara, fu sempre legata al Vicino Oriente
e a Bisanzio, e questo legame ha lasciato
un'impronta incancellabile nell'aspetto
della città. Lasciando Piazza San Marco e
infilando una delle "calli" che vi sboccano,
si può girare per ore, e ogni angolo, ogni
casa, ogni canale, ha un aspetto diverso, un
fascino speciale. Io passo delle ore ad
ammirare nelle vetrine dei negozi i
magnifici articoli di cuoio e d'argento; gli
oggetti di vetro della famosa isola di
Murano, e i merletti dell'isola di Burano.

Mi accorgo che invece di scriverti una
lettera ti ho presentato un documentario su
Venezia. Spero che non ti dispiaccia e che
ti sproni a visitare la "Regina
dell'Adriatico" al più presto possibile.
Come sai, io sono bolognese di nascita, ma
per vocazione mi sento veneziano.

Tanti cari saluti dai miei genitori che
ti ricordano con affetto e sperano che tu
venga presto a visitarci di nuovo. Nanda mi
ha scritto del vostro incontro a Roma e
della serata all'opera. Ricordati che le tue
lettere mi sono sempre gradite. Auguri e
saluti cordiali, tuo

Elio

---

legata *linked*   infilando: entrando in   «calli»: strade strette   merletti
lace   sproni: incoraggi

32

UNA GITA A OSTIA

Veduta di Ostia Antica.

È il quindici d'agosto, o, come si dice in Italia, è Ferragosto. È festa in tutta l'Italia, e poichè è ancora piena estate, molti sono andati in montagna o al mare. Ferragosto è una festa che ha origine da antichi riti agricoli latini. Poi le celebrazioni *vennero* fatte in onore dell'imperatore, che era chiamato «augusto,» e *da qui* la frase «feriae augusti» che col tempo divenne — in forma contratta — ferragosto.

Sono le tre del pomeriggio e Roberto è sdraiato sulla spiaggia con i suoi amici, John e Marina Sutton. La bambina dei Sutton, che ha tre anni, gioca con degli altri bambini sulla sabbia.

Marina — Avete fame ancora? Ho portato un cestino con dei panini *imbottiti* che *fanno venire l'acquolina in bocca.*

John — Io sono affamato. Non ho mangiato niente da stamani e sono sicuro che anche Roberto avrà fame.

Roberto — Io ho più sete che fame.

Marina — Ci sono due bottiglioni di aranciata e d'acqua minerale.

Roberto — Lei, Marina, fa la spesa tutti i giorni?

Marina — No, una volta alla settimana vado al supermercato, ma il pane e il latte li compro giornalmente.

John — Vado a prendere Luisa che è là vicino alla bancarella del *cocomeraio.*

Marina — Sì. Dovrà mangiare qualcosa anche lei. I bambini si divertono molto alla spiaggia, ma oggi fa caldo *sul serio.* Il termometro segna 32 gradi.

Roberto — Ti dispiace *se ti do del tu?* Ormai siamo amici.

Marina — Hai ragione.

Poco dopo.

Roberto — *Ho sentito dire* che anche in Italia *si è verificato* il fenomeno del femminismo; è vero?

Marina — Sì, sì. Ormai tutto il mondo è paese. Anche la donna italiana era stanca di essere legata alla casa.

John — La «protesta femminile» si è verificata anche qua; e oggi la partecipazione delle giovani donne è evidente nella scuola, nel mondo del lavoro, e, ovviamente, nella famiglia.

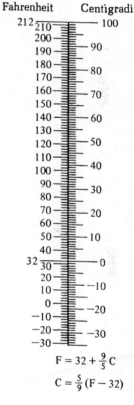

$$F = 32 + \frac{9}{5}C$$

$$C = \frac{5}{9}(F - 32)$$

---

vennero: furono   da qui *hence*   imbottiti *stuffed, filled*   fanno venire l'acquolina in bocca *make your mouth water*   cocomeraio *watermelon vendor*   Sul serio *really*   se ti do del tu *if I address you informally*   Ho sentito dire *I heard*   si è verificato *has taken place*

IL TEMPO OGGI

TEMPERATURA
+ IN AUMENTO
= STAZIONARIA
− IN DIMINUZIONE

VARIABILE

SERENO

POCO MOSSO

POCO MOSSO

SERENO

VARIABILE

VARIABILE

TEMPERATURA: Senza variazioni apprezzabili.
VENTI: Deboli in prevalenza intorno sud.
MARI: Poco mossi.
SOLE: Sorge alle ore 6,58 e tramonta alle 19,20.
LUNA: Luna nuova il 21 alle 11,47.

La spiaggia di Ostia.

Marina — E non bisogna dimenticare che oggi i *diciottenni* hanno diritto al voto.

Roberto — E il divorzio?

John — Be', oggi è riconosciuto, ma i *legami* familiari sono ancora forti in Italia. 5

Marina — Le coppie che hanno chiesto il divorzio non sono molte per ora.

Roberto — Il sole sta andando giù.

Marina — *Sarà meglio* ritornare a casa.

John — Roberto, non dimenticare che domani ti porto 10 a Cinecittà.

Roberto — Benissimo. Spero che *mi farai conoscere* qualche bella attrice.

Marina — Sentilo, il Don Giovanni!

i diciottenni: i giovani di 18 anni   legami *bonds*   Sarà meglio *We had better*   mi farai conoscere *you will introduce me to*

33

IL CINEMA ITALIANO

Cartellone pubblicitario (billboard ad)

Federico Fellini.

Michelangelo Antonioni.

Roberto Rossellini.

Vittorio de Sica.

L a storia del film italiano risale ai primi anni del Novecento, e se prendiamo in considerazione i primi *cortometraggi*, alla fine dell'Ottocento. Il più famoso film «spettacolare» fu *Cabiria* che è dell'anno 1914. Il sistema delle «*dive*» pare sia originato in Italia verso il 1910. La famosissima attrice Eleonora Duse apparve in un solo film tratto dall'opera omonima di Grazia Deledda, *Cenere*, nel 1916. Quale precursore del neorealismo è importante ricordare *Sperduti nel buio* di Nino Martoglio (1914).

La prima guerra mondiale dette un *colpo* quasi mortale al film italiano, e fu solo coll'avvento del suono che ebbe una rinascita, particolarmente *per opera* del governo fascista che ne capì l'importanza propagandistica. Così fu

cortometraggi *documentaries*   «dive» *female superstars*   Cenere *Ashes*
Sperduti nel buio *Lost in the Dark*   colpo *blow*   per opera *through the efforts*

130

creato il Centro Sperimentale di Cinematografia, una delle più importanti scuole del genere del mondo. Fu a questo centro che impararono i giovani che contribuirono al rinascimento del film italiano e mondiale dopo la se-
5 conda guerra mondiale con il neorealismo. E così arriviamo a *Roma, città aperta* di Roberto Rossellini (1945). Il periodo che si apre con *Roma, città aperta*, e che si chiude con *Umberto D.* di Vittorio de Sica (1951) è detto quello del neorealismo. Secondo i critici più autorevoli
10 il neorealismo ha rivoluzionato la tecnica e l'estetica cinematografica di tutto il mondo. I tre direttori più famosi di questo periodo sono Roberto Rossellini (*Roma, città aperta*, 1945, *Paisà*, 1946), Vittorio de Sica (*Sciuscià*, 1946, *Ladri di biciclette*, 1948, *Miracolo a Milano*, 1950,
15 *Umberto D.*, 1951), e Luchino Visconti (*La terra trema*, 1947).

Il film italiano prese una nuova, importante direzione negli anni cinquanta con Michelangelo Antonioni, Luchino Visconti e Federico Fellini che si possono consi-
20 derare i registi più rappresentativi e più importanti fino ad anni recentissimi. Con *sfumature* diverse, essi hanno tentato di rendere artisticamente la problematica *odierna* dell'uomo alienato e conscio della quasi impossibilità di comunicazione. Tra i film di Antonioni ricordiamo *Le*
25 *amiche* (1955), *L'Avventura* (1960), *Il deserto rosso* (1964), *Blow-up* (1967), e *Zabriskie Point* (1970). Federico Fellini è uno dei registi italiani più noti e più studiati. Di Fellini ricordiamo *La strada* (1954), *La dolce vita* (1960), *Satyricon* (1969), e *Fellini-Roma* (1971–72).
30 Recentemente altri registi italiani sono apparsi all'orizzonte: tra questi *rammentiamo* Marco Bellocchio, *I pugni in tasca* (1965), *La Cina è vicina* (1967); Bernardo Bertolucci che si è affermato quale uno dei massimi poeti del film con opere quali *Prima della rivoluzione* (1961), *Il*
35 *conformista* (1970), e *Ultimo tango a Parigi* (1972), e Ermanno Olmi, il cui film più recente *L'albero degli zoccoli di legno* (1979) è una sinfonia di bellezza serena e di armonia.

Oggi, tra i registi italiani, assai nota e originale è Lina
40 Wertmuller che con il film *Le sette bellezze* ha portato la cinematografia italiana ad una nuova fase di sviluppo.

Paisà *Fellow countryman*   Sciuscià *Shoeshine Boy*   sfumature *nuances*
odierna *current*   rammentiamo *we remember*   zoccoli *clogs*

34

VITA IN CITTÀ

Un Bar vicino all'università.

Attraversando il centro di Roma durante la gita a Ostia, Roberto aveva notato che sebbene fosse giorno di festa, le vie erano gremite di gente. Non era la prima volta che *se ne accorgeva*, avendo già notato la
5 stessa cosa altri giorni di festa e la domenica in altre città italiane. Questa volta, però, *incuriosito*, decise di chiedere qualche spiegazione agli amici, e la sua curiosità fu presto soddisfatta.

Roberto spiegò ai suoi amici che in quasi tutte le città
10 degli Stati Uniti il centro è deserto la domenica. La ragione è che il centro delle città americane è di solito il centro del mondo degli *affari* e del commercio, e che poca gente vi abita. Coloro che lavorano al centro abitano nei sobborghi o in periferia e la domenica *nemmeno si*
15 *sognano* di andare al centro. Gli amici di Roberto furono *alquanto* sorpresi e si affrettarono a spiegargli che in Italia *succede* proprio il contrario e che gl'Italiani preferiscono abitare al centro delle loro città *se possono permettersi il lusso di farlo*. Il centro di una città italiana è di solito anche
20 il centro della vita mondana. I più grandi caffè, i teatri, molti cinematografi e altri luoghi di divertimento sono al centro. È naturale, quindi, che la domenica la maggior parte della popolazione *si riversi* verso la parte centrale della città. Questo è vero nelle grandi metropoli, nelle
25 piccole città, e perfino nei paesi.

Quando Roberto domandò *ingenuamente* che cosa facessero tutte queste persone al centro della città, gli amici gli risposero ridendo: «Cosa vuoi che facciano? Passeggiano, oppure vanno al caffè o al cinematografo!»
30 Non è raro vedere una famiglia italiana che la domenica prende il tram o l'autobus per andare al centro. Lì, passeggia per la via principale o in giro alla piazza, si ferma davanti alle vetrine, e poi verso sera riprende il tram o l'autobus e ritorna a casa. In altre parole, gli abitanti
35 delle città italiane considerano il centro come una specie di ritrovo pubblico, dove s'incontrano gli amici, si discutono gli affari o la politica, e si passeggia per il semplice piacere di passeggiare.

In Italia tutto questo è reso possibile dal gran numero
40 di caffè che si trovano dappertutto. Il caffè è veramente

se ne accorgeva *he noticed it*   incuriosito *his curiosity aroused*   affari *business*   nemmeno si sognano *wouldn't dream*   alquanto: molto   succede *happens*   se possono permettersi il lusso di farlo *if they can afford it*   si riversi *converge*   ingenuamente *naively*

Il venditore di
palloncini.

un'istituzione importante nella vita italiana e in quella di
molti altri paesi europei. Ogni caffè, oltre alla clientela
generale, ha una clientela speciale; in un dato caffè si
riuniscono scrittori ed artisti, in un altro uomini d'affari,
in un altro gli *sportivi, e così via.* Come abbiamo veduto 5
i più importanti caffè sono al centro. In alcune città più
grandi come Roma e Milano, vi sono «centri rionali,»

sportivi *sports enthusiasts*   e così via *and so on*

ossia centri di minore importanza, ma anche lì è difficile trovare chi non vada al centro almeno una volta alla settimana.

Naturalmente non tutti vanno al centro. Molti vanno ai giardini pubblici o rimangono vicino a casa, e molti vanno a fare una *gita* in automobile; ma in generale si può dire che grande parte della vita sociale italiana si svolge al centro della città. Forse l'esempio più pittoresco di quanto abbiamo detto è Piazza San Marco a Venezia. La domenica — ma anche la sera degli altri giorni della settimana durante l'estate — questa piazza è come un grandissimo salotto. Se il tempo lo permette mettono i tavolini dei caffè all'aperto, e centinaia di persone vi si siedono per leggere il giornale, per conversare, o semplicemente per guardare i passanti. Nel resto della piazza, dove non ci sono tavolini, la gente passeggia avanti e indietro chiacchierando e guardando. Molti dei caffè hanno un'orchestrina che suona musica popolare, e la domenica c'è anche la banda municipale che dà dei concerti.

Ma questo semplice passatempo domenicale e festivo non lo troviamo soltanto a Venezia: lo troviamo in tutte le città e i paesi italiani che hanno una piazza, e quale città o paese italiano non ha una piazza, anche se non così grande come Piazza San Marco a Venezia?

35

LETTERA DI ELIO A ROBERTO

Una manifestazione politica.

Caro Roberto,

Nella lettera che mi scrivesti due settimane fa mi chiedevi di spiegarti brevemente la situazione politica dell'Italia, che a te sembra piuttosto confusa. Si dà il caso che in questi giorni sto scrivendo in proposito a un amico che conobbi a Chicago.

Come saprai, dalla fine della seconda guerra mondiale fino ad oggi l'Italia ha avuto una successione di governi, quasi tutti deboli, che hanno resa la situazione politica del paese confusa e instabile. La democrazia cristiana, che è stata sempre il partito politico più numeroso, non ha una maggioranza assoluta da poter governare con sicurezza e con vera autorità politica. Per restare al governo i democristiani si sono dovuti alleare con diversi partiti di minoranza, come il partito socialista, il partito repubblicano, quello liberale e altri numerosi partiti minori.

Nel frattempo il partito comunista, la seconda forza politica in Italia, ha attirato un numero sempre più grande di voti, e mentre non ha mai ufficialmente fatto parte del governo, la sua influenza è ormai decisiva in vari settori. I comunisti sono anche riusciti a vincere nelle elezioni locali di quasi tutte le maggiori città italiane. Per conseguenza il partito

---

Si dà il caso *It so happens*   in proposito *on the subject*   da poter *to be able to*   Per conseguenza *For this reason*

democristiano ha dovuto accettare il
cosiddetto compromesso storico, ossia la
convivenza al governo con il partito
comunista. I comunisti, intanto, seguendo i
principi dell'eurocomunismo, affermano la
loro indipendenza dalla Russia e promettono
un comunismo a base democratica e liberale.
È questo distacco dall'originale orientamento
rivoluzionario che ha favorito la formazione di
gruppi di estrema sinistra, come le brigate
rosse, e gli atti di terrorismo di cui esse si
dichiarano responsabili. Questo estremismo di
sinistra è poi bilanciato da movimenti di
estrema destra e da altre attività
terroristiche.

 Non c'è dubbio che riforme sociali ed
economiche sono essenziali al progresso
dell'Italia, ma la maggioranza degli
Italiani spera che esse siano messe in atto
senza il terrorismo degli estremisti, e
attraverso il processo democratico.

 Le cose stanno così ora, ma poichè il
governo italiano è instabile, le varie
alleanze possono cambiare da un mese
all'altro. Speriamo bene.

 Non ho altro da dirti, ma quando ci
rivedremo avremo occasione di parlare più
tranquillamente di questo soggetto spinoso
ma interessante.

 Saluti affettuosi, tuo

Elio

---

ossia *that is to say* convivenza *sharing of* distacco *departure* messe
in atto *carried out* spinoso *thorny*

36

INDUSTRIA, ARTIGIANATO, SOCIETÀ

Torino: Interno della fabbrica Fiat.

Alla domanda: «*Qual è il più profondo cambiamento avvenuto in Italia negli ultimi trent'anni?*» la risposta non può essere *altro che*: «*L'Italia è diventato un paese industriale.*» Difatti oggi quando c'è un *summit* delle sette principali nazioni industriali del mondo occidentale l'Italia vi partecipa. *Ciò* non sarebbe avvenuto trent'anni fa.

L'industrializzazione ha portato altri cambiamenti fondamentali. L'agricoltura che era fino a tempi recenti la principale occupazione degli Italiani continua a diminuire e migliaia e migliaia di contadini hanno abbandonato la campagna riversandosi sui centri industriali in cerca di lavoro. Questa immigrazione interna ha avuto luogo specialmente verso le città del nord dove la popolazione indigena è ormai quasi una minoranza. I *sindacati*, una volta di limitata importanza, sono ora diventati forze politiche di prim'ordine. La lotta politica in Italia tra la democrazia cristiana e il partito comunista si riflette chiaramente nell'organizzazione dei sindacati che sono dominati da questi due partiti. Come succede in altri paesi, la lotta fra sindacati e industria e fra sindacato e sindacato ha prodotto un senso di paralisi che porta a un livello più alto di *disoccupazione* e quindi ad un antagonismo più intenso, a nuove lotte, a scioperi e ad un allarmante diminuzione nella produzione. È un circolo vizioso che non può rimanere *irrisolto*.

L'artigianato, come l'agricoltura, ha sentito gli effetti dell' espansione industriale ma rimane nondimeno molto cospicuo. In tutte le città, le vie e le piazze hanno numerosi negozi che mettono in mostra i prodotti dell'artigianato italiano in elegantissime vetrine. Numerosi articoli sono ancora fatti *a mano* e *su misura*. Molti invece di acquistare un vestito o un abito *già confezionato*, hanno una sarta o un sarto preferito; e fino a un certo punto questo è vero anche per le *calzature*. L'arte della ceramica, che risale ai tempi etruschi, continua a fiorire e le ceramiche di Faenza, nella valle del Po, di Deruta e di Gubbio, vicino a Perugia, e di Vietri, vicino a Napoli, si esportano in tutto il mondo. Firenze è nota per gli articoli di paglia, per la lavorazione di oggetti di cuoio e per quella dell'*argento*. Sempre in Toscana, conosciuti

altro che *other than*   Ciò: Questo   sindacati *trade unions*   disoccupazione *unemployment*   irrisolto *unresolved*   a mano *by hand*   su misura *custom made*   già confezionato *ready made*   calzature *shoes*   argento *silver*

da tutti sono gli oggetti di marmo che *da* secoli si fanno
a Carrara e nelle sue cave di marmo. Famosi sono poi i
merletti ricamati di Venezia e gli oggetti di vetro che si
fanno nell'isola di Murano vicino a Venezia, mentre Na-
5 poli continua a produrre meravigliosi lavori in corallo,
in madreperla e in *tartaruga*.

Questi cambiamenti nella vita degl'Italiani hanno
anche cambiato la struttura della società in cui essi vivono. Le credenze religiose in contrasto con le nuove leggi
10 sul divorzio, sull'aborto, e sul controllo delle nascite;
l'attivismo dei gruppi femminili; l'estremismo politico di
gruppi di sinistra e di destra; il desiderio sincero di riforme sociali; le frequenti manifestazioni di operai, studenti ed altri; la suddivisione in un' apparente infinità di
15 partiti politici, danno l'impressione di un paese in caos.
In realtà la vita in Italia procede normalmente. Le fab-
briche continuano a produrre; il tenore di vita migliora,

da: per   tartaruga *tortoise*

141

anche se lentamente; le vetrine dei negozi sono ben for-
nite; gli spettacoli sono affollati; i turisti arrivano *a ondate*. Sembra quasi una *vita dorata*. Di nuovo la realtà è
un'altra. L'Italia, come altri paesi in Europa, è in un
momento di transizione. I problemi sono gravi e nume- 5
rosi ma la volontà di risolverli è anche profonda. La speranza degl'Italiani, eccetto pochissimi, è che essi siano
risolti in pace.

a ondate *in waves*   vita dorata *easy street*

37

ALCUNI GRANDI SCIENZIATI ITALIANI

Autoritratto (self portrait) *di Leonardo da Vinci.*

Non v'è dubbio che il popolo italiano abbia sempre avuto un'inclinazione speciale per tutto ciò che è artistico; tuttavia, è importante *tener presente* che le facoltà inventive degl'Italiani non si sono manifestate soltanto nel campo artistico, ma si sono rivelate anche in quello 5 della scienza.

Nel Medioevo furono famosissime in tutta l'Europa la scuola di medicina di Salerno, e l'Università di Bologna, la prima università europea, fondata nell'anno 1076.

In Italia, come nel resto dell'Europa, la scienza nel 10

144   tener presente *bear in mind*

senso moderno di «studio attento e controllato» della
natura, sorse nel Rinascimento, quando cioè l'uomo si
liberò dalla tradizione e dallo scolasticismo, e si volse al
gran libro della natura. Al principio di questo risveglio
5 troviamo la figura gigantesca di Leonardo da Vinci
(1452–1519), il prototipo dell'*uomo universale* del Rinascimento. È vero che Leonardo fu un sommo pittore e
artista, ma egli fu altrettanto grande come scienziato. Chi
non ha veduto alcuni dei suoi numerosi *schizzi* e disegni
10 che illustrano i suoi studi e le sue ricerche d'anatomia,

zoologia, biologia, e ingegneria? Nel museo di Vinci, il piccolo paese dov'egli nacque, il visitatore resta meravigliato davanti ai modelli delle numerose macchine ch'egli ideò, anticipando l'*aliante*, il paracadute, il sommergibile, il carro armato, ed altre ancora. Leonardo fu uno [5] spirito veramente moderno, ma egli fu un *solitario* nel suo secolo, poichè non era ancora *giunto* il momento del vero studio delle scienze: c'erano ancora troppi pregiudizi, e i principi che erano i *mecenati* degli artisti e degli studiosi, s'interessavano più d'arte che di scienza. [10]

La vera tradizione scientifica moderna s'inizia con un altro grande: con Galileo Galilei (1564–1642), che combattè per liberare la scienza dalla tradizione e applicò ad essa il metodo matematico, difese la tesi copernicana del *moto* della terra intorno al sole, e con il suo telescopio [15] iniziò l'era scientifica dell'astronomia. Galileo fece delle importanti scoperte in matematica e in fisica — chi non ricorda i suoi esperimenti sulla caduta dei *gravi* e sulle oscillazioni del pendolo che fece a Pisa? — scoprì le *macchie solari*, le fasi di Venere, gli *anelli* di Saturno, ecc. Fu [20] un *allievo* di Galileo, Evangelista Torricelli (1608–1647), che inventò il barometro. Ma ormai era spuntata una nuova aurora: dappertutto si fondavano accademie — come quella dei Lincei (1663) a Roma, e quella del Cimento (1657) a Firenze che prese per motto una frase [25] dantesca «Provando e riprovando» — e l'insegnamento delle scienze entrava a far parte delle materie universitarie.

A cominciare con il Seicento il numero degli scienziati italiani aumenta rapidamente, e fra i tanti incontriamo: [30] Marcello Malpighi (1628–1694), che a Bologna si servì per la prima volta del microscopio negli studi anatomici; Luigi Galvani (1737–1798), professore di anatomia, e Alessandro Volta (1745–1827), insigne fisico, che fecero delle importantissime scoperte nel campo dell'elettricità, [35] ed ai quali si devono le parole *galvanismo*, *galvanizzare*, *volta*, *voltaggio*, ecc.; Giovanni Schiaparelli (1835–1912), che inventò la dinamo, e molti altri.

Ma anche l'elenco più sommario degl'Italiani che diedero il loro contributo alle scienze non sarebbe completo [40] senza due dei più grandi studiosi dell'era moderna: Gu-

aliante *glider* solitario *isolated case* giunto: arrivato mecenati *patrons* moto: movimento gravi *bodies* macchie solari *sun spots* anelli *rings* allievo: studente

glielmo Marconi (1874–1937), e Enrico Fermi (1901–
1954), entrambi vincitori del Premio Nobel per la fisica:
al primo, inventore della *telegrafia senza fili*, risalgono la
radio e la televisione; il secondo, aprì l'età atomica pro-
5 ducendo la prima reazione atomica a catena.

Sì, è vero che il popolo italiano è un popolo fornito di
doti artistiche assai *spiccate*, ma è anche innegabile che
è portato alla ricerca del nuovo, *sia* ch'esso risieda nella
natura intima della materia, *sia* che si trovi al di là di
10 mari sconosciuti (Cristoforo Colombo, Amerigo Vespucci), o sopra una *vetta* inaccessibile (scalata del monte
K2 [*cappa due*] nell'Himalaia, compiuta da una spedizione
italiana nel 1954).

EPPUR SI MUOVE!

Secondo la leggenda Galileo avrebbe pronunciato queste parole dopo che il *Tribunale del Sant'Uffizio* ebbe condannata la
sua dottrina. Galileo era convinto che la terra girava intorno
al sole e non il sole intorno alla terra come si credeva.

telegrafia senza fili *wireless*   spiccate *pronounced*   sia . . . sia *whether
. . . or*   vetta *peak*   Eppur si muove *And yet it moves*   Tribunale del
Sant'Uffizio *Court of the Holy Office*

38

NAPOLI E DINTORNI

Una via della vecchia Napoli.

Veduta di Napoli e del Vesuvio.

-E ora, Signori, ecco a destra la cosiddetta *Villa dei Misteri*, una delle più interessanti rovine dell'antica Pompei. Questo edificio era consacrato a Dionisio, e dentro vedremo i meravigliosi affreschi che rappresentano appunto il Culto di Dionisio. Prego, Signori, avanti, avanti.

E così dicendo la guida entra nell'edificio seguito da un gruppo di turisti. Tra questi c'è anche Roberto che è a Napoli da tre giorni. Oggi ha deciso di fare un'escursione a Pompei e l'esperienza è stata veramente una delle più singolari che abbia avuto durante il suo soggiorno in Italia. Uscendo dalla *Villa dei Misteri*, Roberto si trova vicino ad uno degli altri turisti, che gli dice sorridendo:

— Sembra quasi incredibile, vero? Voglio dire, vedere

questa città che 2000 anni fa era piena di vita e che improvvisamente fu distrutta dal Vesuvio, quel vulcano là
che sembra *inerme*.

— Già — risponde Roberto — una cosa tragica, ma
affascinante.   5

Roberto nota che il signore con cui parla è un uomo
di circa cinquant'anni, vestito molto accuratamente, che
parla con un accento che *non gli riesce* riconoscere.

— Lei è americano? — domanda il signore.

— Sì — risponde Roberto — ma *come fa a saperlo?* Dal   10
modo come parlo italiano?

— No, no, anzi l'italiano lo parla bene. Me ne sono
accorto dal Suo abito e dalle Sue scarpe.

— Davvero?

— Dovrei aggiungere che essendo proprietario di un   15
negozio di abiti per uomini *me ne intendo un po'*. . .

— Ha un negozio a Napoli?

— No, a Torino; ecco il mio biglietto da visita.

---

inerme *harmless*   non gli riesce *he is unable*   come fa a saperlo *how
can you tell*   me ne intendo un po' *I'm a pretty good judge of them*

Roberto lo prende e lo legge. Poi dice:

— Grazie, piacere di conoscerLa, signor Velieri. Io mi chiamo Roberto Hamilton.

E porge la mano al signor Velieri che gliela *stringe* con
effusione.

— Mi sembrava che Lei parlasse con un accento che mi era nuovo — continua Roberto — ma non sapevo che fosse piemontese.

— Mi dica, signor Hamilton, è la prima volta che visita Napoli?

— Sì, sono arrivato tre giorni fa da Roma. Resterò qui qualche altro giorno e poi andrò in Sicilia.

— Io vengo a Napoli tutti gli anni per una diecina di giorni e non manco mai di visitare Pompei e Ercolano.
Vengo i primi di settembre perchè mi piace assistere alla festa della canzonetta popolare, cioè alla Festa di Piedigrotta. Le piace Napoli?

— Da quello che ho visto sì. Come dicevo sono qui da

stringe *shakes*

tre giorni solamente. Sono stato all'opera al San Carlo, ho visitato Posillipo, il Vomero, e il Castello Angioino e la Galleria che rammenta un po' quella di Milano.

— In tre giorni mi sembra che abbia già fatto molto.

— Ma c'è tanto da vedere. Domani farò il giro della costa amalfitana; domani sera mi fermerò a Sorrento, e il giorno dopo ritornerò a Napoli. 5

— E a Capri non ci va?

— Sì, dovrei andarci venerdì.

— Ah! Bene! E mi raccomando, non dimentichi di andare ad Anacapri. 10

Nel frattempo il gruppo di turisti, preceduto dalla guida, è ritornato verso l'autobus che lo riporterà a Napoli. Roberto e il signor Velieri sono gli ultimi a salire e durante il viaggio di ritorno continuano a conversare. 15 L'autobus finalmente si ferma a Piazza del Plebiscito e tutti i turisti scendono.

— Signor Hamilton — dice il signor Velieri — mi permette di offrirLe qualcosa? Possiamo andare nella Galleria che è a due passi. 20

— Grazie; accetterei volentieri ma proprio non posso. Ho un appuntamento con un amico *di passaggio per* Napoli. Anzi, giacchè Lei conosce bene Napoli, potrebbe indicarmi un buon ristorante?

— Senz'altro. Le piace il pesce? 25

— Sì, molto.

— Allora vada ad uno dei ristoranti sulla marina, in Via Partenope, proprio davanti all'albergo Excelsior.

— Grazie. È stato proprio un piacere conoscerLa.

— Il piacere è stato mio. Non dimentichi di andare a vedere la Festa di Piedigrotta. E mi raccomando, *se capita* a Torino non manchi di farmi una visita. 30

Nel frattempo *Meanwhile*   di passaggio per *who is coming through*   se capita *if you happen to come*

39

FESTE ITALIANE

Roma: Via Frattina durante la settimana di Natale.

Abbiamo veduto che per molti sęcoli l'Itạlia fu un paese diviso in numerosi pịccoli stati, ciascuno dei quali ebbe la *propria* stọria e le prọprie vicende. Politicamente l'Itạlia diventò indipendente solo verso la fine del sęcolo scorso. La nuova Itạlia ereditò i costumi, le 5 tradizioni, e le feste delle vạrie città e dei vari stati, ma naturalmente, dopo l'unificazione, le differenze fra una parte e l'altra del paese si attenuạrono, e oggi molte feste, tradizioni e costumi locali *sono scomparsi*. Tuttavia, l'orgọglio locale e l'attaccamento al passato hanno tenuto *in* 10 *vita* molte tradizioni, e *tutt'oggi* l'Itạlia è un paese ricco di folklore.

propria: sua   sono scomparsi *no longer exist*   in vita *alive*   tutt'oggi: anche oggi

In Italia vi sono varie feste: feste religiose, feste civili, fiere locali che spesso hanno luogo il giorno del Santo protettore di un dato paese o borgo, e fiere annuali, generalmente di carattere industriale e commerciale, come
5 la Fiera Campionaria Internazionale di Milano, e la Fiera del Levante di Bari.

Di tutte le feste italiane le più belle e le più numerose sono quelle religiose, eccone alcuni esempi:

La Festa del Redentore risale a un *voto* dei Veneziani
10 per la liberazione dalla pestilenza del 1575. Ha luogo la terza domenica di luglio, e consiste in una regata di gondole riccamente *addobbate* e illuminate sulle quali allegre comitive cantano e suonano *percorrendo* i canali. La sera c'è il tradizionale spettacolo pirotecnico.

15 La Festa della Madonna di Piedigrotta è senza dubbio la più famosa e la più *briosa* festa napoletana. Dopo diverse cerimonie di carattere religioso che iniziano la festa (i primi giorni di settembre) vicino all'antico santuario di Piedigrotta, seguono dei giorni di *gara* fra compositori
20 di canzoni popolari. Le canzoni vengono cantate davanti a un pubblico numerosissimo che ascolta e indica con applausi più o meno *calorosi* la canzone che gli piace di più. Molte delle canzoni che furono in tempi passati applaudite a Piedigrotta, sono diventate famose in tutto il
25 mondo: *'O sole mio, Torna a Sorrento, Santa Lucia, Funiculì-Funiculà.*

La Festa dei *Ceri* si celebra ogni anno a Gubbio, vicino ad Assisi, il 15 di maggio, in onore di Sant'Ubaldo. Un cero è una grossa candela di «cera», ma per questa festa
30 i Ceri sono tre torri poligonali alte circa quindici piedi. In cima a ogni cero c'è la statua del Santo protettore di una data Corporazione. Su quello dei *muratori* c'è la statua di Sant'Ubaldo. I ceri sono portati sulle spalle di uomini robusti, i «ceraioli», che, a un dato segno, fanno
35 *di gran corsa* tre volte il giro di una piazza e poi salgono sul monte dove c'è il monastero di Sant'Ubaldo.

Lo Scoppio del Carro risale al rito religioso del fuoco sacro il giorno del Sabato Santo. Il primo carro fu costruito nel 1305 dopo una vittoriosa Crociata in Terra
40 Santa. Il carro attuale, che fu costruito nel 1700, è alto più di sessanta piedi. Il giorno del Sabato Santo il carro

---

voto *vow*   addobbate *decorated*   percorrendo *going through*   briosa: vivace   gara *competition*   calorosi *warm*   ceri *candles*   muratori *masons*   di gran corsa *as fast as they can run*

Cagliari: Una bambina in costume per la festa di Sant'Efisio.

viene tirato da tre paia di buoi infiorati davanti alla porta del Duomo, dove, per mezzo di un filo, *si collega* all'Altare Maggiore. Ad una certa ora si dà fuoco a un caratteristico fuoco d'artificio chiamato «La *Colombina*» che corre lungo il filo e va a «incendiare» il carro. 5

L'*Infiorata* ha luogo a Genzano, vicino a Roma, per il Corpus Domini. In questa occasione la via che sale verso la chiesa viene coperta da uno spesso *tappeto* di fiori. Ogni casa che dà sulla via è addobbata a festa. Il tappeto di fiori che copre la via è fatto di milioni di petali di vari 10 fiori distribuiti in modo da formare dei disegni geometrici bellissimi. Di solito, a un certo punto della via c'è un

si collega *is connected*   colombina *little dove*   tappeto *carpet*

grande disegno che rappresenta un'immagine religiosa. Tutto questo lavoro per dilettare l'occhio dei presenti per poche ore, poichè a un certo momento la via è naturalmente riaperta alla circolazione!

5 Fanno parte delle feste religiose anche i presepi, cioè la rappresentazione che si fa nelle chiese, e in piccolo anche nelle case, della *stalla* in cui nacque Gesù. Alcuni presepi sono delle vere opere d'arte.

Altre feste tradizionali risalgono a tempi remoti, e rievocano la storia e le glorie passate: i costumi, medioevali
10 e rinascimentali, e le antiche armature offrono uno spettacolo indimenticabile. Fra queste il primo posto spetta al Palio di Siena; ma ve ne sono altre, come per esempio il Gioco del Calcio di Firenze, la Giostra del Saraceno
15 di Arezzo, e il Gioco del Ponte a Pisa.

stalla *stable*

40

VIAGGIO NOTTURNO A PALERMO

Presto si parte!

R oberto è a Napoli da una settimana. Non ha veduto tutto quello che c'è da vedere, però ha visitato
i luoghi di maggiore interesse, e poichè oggi è il dodici
di settembre, ha avuto anche la fortuna di poter partecipare, come spettatore *s'intende*, alla Festa di Piedigrotta.

Questa sera parte per la Sicilia, e infatti ha già comprato il biglietto, ed è salito a bordo del *Campania Felix*,
uno dei piroscafi che *fanno servizio* fra Napoli e Palermo.
Un *cameriere di bordo* gli ha indicato la sua cabina, e in
questo momento sta conversando con Giorgio Mancini,
un giovane *diciannovenne* che occupa la stessa cabina.

— Lei è stato altre volte in Sicilia? — chiede Roberto.

— No, questo è il mio primo viaggio. Ho una sorella
che abita con suo marito a Trapani, e vado a farle una
visita. E Lei?

— Io, come Le dicevo, sono americano. Prima che
incomincino le piogge e il freddo, ho pensato di fare il
giro dell'isola e di vedere i punti più interessanti.

— Si tratterrà a lungo a Palermo?

— Soltanto due giorni: poi proseguirò per Selinunte,
e da lì andrò a Siracusa, a Catania, a Taormina, e a
Messina dove prenderò il treno per Roma.

— Conosce qualcuno a Palermo?

— No. Mi fermerò in un albergo. Ho visto qui nella
guida dell'Italia meridionale che a Palermo ce ne sono
diversi.

— Allora, se non ha nulla in contrario, possiamo andare allo stesso albergo. Io ho portato con me la mia
motocicletta, e domani possiamo visitare la città insieme.

— Grazie!

— *Le pare!* È sempre più divertente visitare una città
che non si conosce con un'altra persona.

— Vogliamo salire sul ponte? È una serata meravigliosa! . . .

I due giovani *si appoggiano alla ringhiera* e osservano gli
altri passeggeri e i facchini che portano i bagagli a bordo.
Dopo un'oretta tolgono la *passerella*, e un fischio prolungato annuncia che il vapore sta per partire. Infatti, dopo
pochi minuti il rombo dei motori si fa più forte, e
il vapore si stacca dal *molo* e si allontana verso il mare
aperto.

s'intende of course   fanno servizio *ply, shuttle*   cameriere di bordo
steward   diciannovenne: di diciannove anni   Le pare! *Not at all!*
si appoggiano alla ringhiera *lean against the railing*   passerella *gangplank*   molo *pier*

— È un colpo d'occhio incantevole — dice Roberto.

— Sì. La luna è piena, e si vede anche il Vesuvio. Guardi! Vede quelle luci a destra? Sono le luci di Sorrento. C'è stato?

— Sì. Tre giorni fa ho fatto il giro della penisola *sor-* 5
rentina in autopullman.

— Adesso capisco perchè i napoletani *decantano* le bellezze del loro mare e della loro costa.

— (Roberto canta) *Vedi il mare quant'è bello*
Spira tanto sentimento . . .   10

— Ah! Anche in America si canta *Torna a Sorrento?*

— Sì . . . ma non come una volta *(Gli offre una sigaretta)* Fuma?

— Sì, grazie. *Vogliamo andare* nella sala di lettura? Qui 15
sul ponte fa freschino.

— Guardi — dice Giorgio — ci sono due poltrone libere in quell'angolo.

— Scusi se Le sembro curioso, ma Lei *di dov'è?*

— La mia famiglia abita ad Ancona, sull'Adriatico, 20
ma io vado all'Università di Urbino. C'è stato a Urbino?

---

sorrentina: di Sorrento   decantano *extol*   Spira: Ispira   Vogliamo
andare *Shall we go*   di dov'è? *where are you from?*

— No, ma so dov'è. È il paese di nạscita di Raffaello. Quella zona non la conosco affatto.

— Prima di ritornare in Amẹrica Lei dovrebbe andarci; creda che *vale la pena*.

5 — Sì, sì. Forse in primavera. Se non mi sbạglio Urbino e Ravenna sono piuttosto vicine, e vọglio assolutamente vedere la tomba di Dante e i mosại ci bizantini delle chiese di Ravenna.

— *(Prende due riviste da un tạvolo)* Vuole una di queste
10 riviste?

— No, grạzie. Vọglio lẹggere questa guida dell'Itạlia meridionale.

(Fra sè, sfogliando il libro) Basilicata . . . Calạbria . . . Sicịlia. Ẹccola!

41

IN SICILIA

Catania: Limoneto (lemon grove) *nei pressi dell'Etna.*

*Agrigento: Il Tempio
della Concordia.*

L a Sicilia, la più grande delle isole italiane, è una
delle regioni più affascinanti d'Italia. La Sicilia è
separata dalla penisola italiana dallo stretto di Messina
che è largo solamente tre chilometri, quindi le comuni-
5 cazioni col continente sono state sempre relativamente
facili e la storia dell'isola è strettamente legata a quella
dell'Italia.

Data la sua posizione strategica (quasi al centro del
Mediterraneo), il suo clima *mite* e la fertilità del suo ter-
10 reno, durante la sua lunga storia la Sicilia è stata invasa
molte volte, e sul suo suolo sono fiorite diverse e splendide civiltà. Due città, Siracusa e Palermo, sono state i
centri principali dell'isola attraverso la sua storia. Ma la
Sicilia è ricca di altre città pittoresche e storiche: Mes-
15 sina, distrutta quasi totalmente dal *terremoto* e *maremoto*
nel 1908 e poi completamente ricostruita; Marsala, famosa per il vino dello stesso nome che vi si produce, e
perchè fu da qui che Garibaldi iniziò la conquista
dell'Italia meridionale con i suoi «Mille»; Agrigento,
20 nota per la sua valle popolata di templi greci; Catania,
più volte distrutta dall'Etna, sempre risorta e oggi una
città moderna e fiorente.

mite *mild*   terremoto *earthquake*   maremoto *tidal wave*   163

Oggi la Sicilia, pur facendo parte dello Stato Italiano, gode di una certa autonomia e possiede un proprio parlamento che ha giurisdizione sui problemi locali.

Roberto e Giorgio sono seduti sulla *vetta* del Monte Pellegrino, un masso roccioso alto circa 600 metri, che 5 si trova all'entrata del golfo di Palermo. Dal Monte Pellegrino si gode una splendida veduta della città e della grande valle retrostante che, per la sua forma, è chiamata la «Conca d'Oro.» È una valle fertilissima, dove crescono aranci, limoni, olivi e molti alberi da frutta. 10

Il sole sta *calando* sull'orizzonte, ma i due giovani non hanno fretta: osservano e conversano.

— Io sono rimasto meravigliato dall'aspetto orientale di alcuni edifici di Palermo — dice Roberto.

— Anch'io — risponde Giorgio — ma non bisogna 15 dimenticare che dal sesto all'undicesimo secolo Palermo fu dominata dagl'imperatori bizantini e dagli Arabi.

— Dice la guida che a un certo punto a Palermo c'erano circa 300 moschee.

— La storia di Palermo è veramente affascinante — da 20 quando fu fondata dai Fenici a quando fu annessa al Regno d'Italia nel 1860.

— Certo che da *quassù* si vede quasi tutta la città. Sembra di essere in elicottero. Proprio non m'immaginavo

vetta *top*   calando *setting*   quassù *up here*

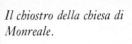
Il chiostro della chiesa di Monreale.

che a Palermo ci fossero tante ville con dei grandi giardini.

— Aspetta un momento. Non è quella la cattedrale?

— No. La cattedrale è più in là. Quella, se non mi
5 sbaglio, è la Cappella Palatina.

— Hai ragione. L'abbiamo visitata ieri. È piena di
marmi e di mosaici di un gusto squisito.

— Sì, ma non trovi che anche i mosaici del Duomo di
Monreale che abbiamo visitato stamani sono stupendi?
10 — D'accordo. E il chiostro? Che meraviglia! Tutto
luce e policromia con le sue colonnette incrostate di mosaici.

— Bè, il sole sta andando sempre più giù. Scendiamo
in città?

— Sarà meglio. Possiamo passare a *dare uno sguardo* al Teatro Massimo?

— Sicuro. Lo voglio vedere anch'io.

— Ho sentito dire che è uno dei più grandi teatri italiani.

— *(Giorgio canta)*

> O che bel *mestiere*,
> *Fare il carrettiere,*
> Andar di qua e di là . . .

— È vero che siamo in Sicilia, ma *come ti viene in mente* un'aria della *Cavalleria Rusticana?*

— *Così!* Pensavo che una volta c'erano i bei carretti dipinti.

— Ah già! *Carretto, carrettiere!* E ora non ci sono più?

— Raramente se ne vede uno. Una volta il carretto era il re della strada. Oggi, particolarmente a Catania, c'è un automezzo moderno che chiamano «*Lapa*,» che trasporta la merce più varia e ha rimpiazzato il carretto; e anche la «Lapa» è dipinta.

dare uno sguardo *to take a look*   mestiere *trade*   Fare il carrettiere *to be a cart-driver*   come ti viene in mente *how do you happen to think of* Così *For no special reason*   «Lapa» *queen bee*

42

LETTERA DAL TRENO

nina: La passeggiata.

Cara Nanda,

Il 20 agosto <u>u.s.</u> ti ho scritto una lunga lettera, ma non ho mai ricevuto risposta. Ora ti scrivo dal treno che mi riporta a Napoli dopo la mia visita in Sicilia. Sono le dieci di mattina e da un'oretta il treno corre lungo la costa occidentale della Calabria. Sai? Stamani ho attraversato lo Stretto di Messina in uno dei traghetti che portano anche il treno che va a Napoli. Non c'erano molti turisti perchè ormai siamo in autunno, ma c'erano molti siciliani – donne e uomini – che portavano frutta e <u>legumi</u> a un mercato in Calabria. Durante la traversata, che dura circa venti minuti, ho veduto uno degli aliscafi che sono velocissimi, e che fanno la traversata in pochi minuti. Come ti ho scritto nella cartolina che ti ho mandato da Monreale, sono andato da Napoli a Palermo in piroscafo. A bordo ho conosciuto un giovane che aveva la motocicletta, e insieme abbiamo girato tutta Palermo varie volte.

La Sicilia è stata una rivelazione. È così diversa dal resto dell'Italia, e il miscuglio di vicino oriente e d'occidente, di antico e di moderno le dà un fascino speciale. Certo tu, come italiana, dovresti fare un viaggio nell'Italia del Sud per conoscere meglio il tuo paese! Io volevo tanto fare il giro di tutta la Sicilia, ma ci sarebbe voluto troppo tempo, così mi sono

u.s.: ultimo scorso *(last)*   legumi *vegetables*

Sicilia: La raccolta dei carciofi (artichoke harvest).

dovuto contentare di visitare solamente
Siracusa, Catania, Taormina e Messina dove
ho preso il treno per il viaggio di ritorno.
    Anche in Sicilia le città hanno molti
quartieri nuovi. L'esodo della gioventù
nelle regioni più povere continua a essere
un problema, come del resto in altre parti
del mondo. I giovani vanno a cercare lavoro
nelle grandi città perchè la vita è più facile e
piena di attrattive. Molti vanno a Roma, Milano,
Torino e anche all'estero, nell'Europa
centrale, in Australia e nelle Americhe. Ma le
persone con cui ho avuto occasione di conversare

mi hanno detto che non è come una volta: grazie
alla Cassa per il Mezzogiorno che ha
modernizzato il sistema economico generale del
Meridione, molti preferiscono restare in queste
località.

Devo confessare che Taormina mi ha
ammaliato; dovevo rimanerci un giorno e
mezzo e invece ci sono rimasto quattro
giorni interi. Sebbene sia quasi già
ottobre, sono potuto andare a nuotare tutti
i giorni. L'acqua non è punto fredda e,
inoltre, non è inquinata come vicino ad
alcuni porti.

E ora eccomi in treno lungo la costa
della Calabria. Di quando in quando si vede
la meravigliosa Autostrada del Sole che
viene da Milano. Quanti ponti e quante
gallerie!

Dimenticavo di dirti che una delle cose
più interessanti che abbia visto in Sicilia
è stata la cosiddetta Opera o Teatro dei
Pupi. È così che chiamano le
rappresentazioni marionettistiche di fatti e
vicende eroiche dei paladini di Francia. Le
marionette possono essere alte un metro, e
sono ricoperte di armature splendide. I
costumi sono dei veri capolavori e gli
spettacoli sono divertentissimi.

E ora basta, altrimenti scriverò un
libro invece di una lettera!

Saluti cordiali, tuo

Roberto

Meridione: sud d'Italia   ammaliato: affascinato   inquinata *polluted*
Di quando in quando *From time to time*   marionettistiche: delle marionette   ricoperte: coperte

L'ITALIA E L'AMERICA

Roberta di Camerino

WHEN A NAME BECOMES A **L**EGEND...

valentino
valentino uomo

"Made in Italy."

Il Festival di Spoleto in America.

C ome tutti i bambini imparano a scuola, l'America fu scoperta nel 1492 da Cristoforo Colombo, navigatore genovese al servizio della *regina* di Spagna. Come forse non tutti i bambini imparano, e molti dimenticano, il nuovo continente fu chiamato *America* in onore di un 5 altro famoso navigatore italiano, Amerigo Vespucci (o secondo la pronunzia moderna Amerigo). In Latino Amerigo si diceva *Americus* e *di lì* il nome America.

I legami tra l'Italia e l'America, dunque, risalgono alle origini del nuovo mondo e sono continuati ininterrotti 10 attraverso i secoli. Dopo la scoperta dell'America, e durante tutto il Rinascimento e fino alla metà del secolo scorso, l'Italia, come ricordiamo, era divisa in numerosi stati, che si combattevano fra loro. Invasa, governata e oppressa da stranieri, senza *potere* politico o economico, 15 l'Italia non ebbe mai una *politica* di colonizzazione o di espansione in America, e il nuovo mondo rimase un distante ed esotico paese. Nel nuovo continente, *frattanto*, l'Italia continuava ad essere considerata una delle fonti principali della cultura occidentale. Negli Stati Uniti, 20 attraverso la loro evoluzione da un nucleo di colonie inglesi a una *potenza mondiale*, le relazioni con l'Italia rimasero limitate e di carattere quasi esclusivamente

regina *queen*   di lì *thence*   potere *power*   politica *policy*   frattanto *meanwhile*   potenza mondiale *world-wide power*

culturale. L'Italia rimaneva una fonte per lo studio delle arti, della musica, della letteratura e della cultura in generale. Questa tradizione di rispetto ed ammirazione per l'Italia e il suo contributo alla cultura del mondo occidentale è chiaramente illustrata nella vita e nelle opere di uomini come Thomas Jefferson, nel cui sviluppo intellettuale l'Italia occupò un posto speciale.

Nuovi e più stretti rapporti tra l'Italia e gli Stati Uniti cominciarono nella seconda metà del secolo scorso con 5 le *ondate* di emigranti italiani negli Stati Uniti. Come in tempi recenti l'immigrazione interna verso i centri industriali del nord ha *spopolato* le campagne e i villaggi dell'Italia del sud, così tra il 1880 e il 1920 l'emigrazione verso l'America portò migliaia e migliaia d'Italiani nelle 10 città degli Stati Uniti. Oggi si calcola che ci siano circa 25 milioni di cittadini americani di origine italiana.

La storia dell'emigrante italiano non è molto diversa da quella di emigranti di altre nazionalità. Da *umili* origini, attraverso lotte contro i pregiudizi e le difficoltà 15 economiche, l'emigrante italiano è riuscito a diventare parte integrale ed importante nella vita degli Stati Uniti. Le «Piccole Italie» delle grandi città americane sono quasi totalmente scomparse e i figli e nipoti dei vecchi emigranti sono *sparsi* attraverso tutti gli stati dell'Unione, 20 e occupano posizioni a tutti i livelli della vita politica artistica e intellettuale del paese.

Dopo la seconda guerra mondiale gli scambi tra l'Italia e gli Stati Uniti, sia di carattere commerciale sia di carattere intellettuale, hanno raggiunto un ritmo sempre 25 più accelerato. Il numero di turisti americani che visitano l'Italia ogni anno sta per raggiungere i due milioni, e il numero di turisti italiani che visitano l'America è in continuo aumento. Prodotti italiani come macchine industriali, automobili, tessuti, prodotti dell'artigianato, opere 30 di letteratura in traduzione, film, esemplari di moda, ecc. si trovano dappertutto. *Made in Italy* oggi vuol dire qualcosa di bello e di utile. La presenza italiana nella vita americana ha ormai *radici* profonde; *che* si parli di arte o di cucina, di letteratura o industria, di politica o di 35 finanza, i nomi di individui come Arturo Toscanini, Amadeo P. Giannini, Enrico Fermi e tanti altri indicano chiaramente che l'esperienza italiana in America è ormai una parte vitale della vita americana.

40

ondate *waves*   spopolato *depopulated*   umili *humble*   sparsi *scattered*
radici *roots*   che . . . o *whether . . . or*

EXERCISES

1. Quando Parte Roberto?
   (a) *Domande sul testo.*
      1. Dov'è l'Università di Stanford?
      2. È un maestro Roberto?
      3. Dov'è in questo momento Roberto?
      4. Studia all'Università di Stanford il signor Ferri?
      5. Per dove parte Roberto quando finisce gli studi?
      6. Quando parte?
      7. Perchè Roberto non prende l'aviogetto San Francisco-Roma?
      8. Conosce New York il maestro di Roberto?
      9. A che cosa pensa il signor Ferri?
      10. È americana la madre di Roberto?
      11. Tutti ricordano con nostalgia i cantanti del Metropolitan?
      12. Dov'è il nuovo Metropolitan Opera House?
      13. Perchè Roberto va via?
      14. Perchè Roberto desidera ritornare domani?
      15. Quando è libero il maestro Ferri?

   (b) *Domande personali.*
      1. Lei dove desidera andare quando finisce gli studi?
      2. Signorina (Signor. . . .), Sua madre è californiana?
      3. Lei conosce un grande cantante (o: una grande cantante)?
      4. Lei studia solamente l'italiano?

   (c) *Vero o falso. Secondo il senso della lettura le frasi seguenti sono vere o false. Se sono false fate le correzioni necessarie.*
      1. Roberto è uno studente all'Università di Boston.
      2. Il signor Ferri insegna pittura.
      3. Dopo gli esami Roberto intende passare tre settimane con uno zio.
      4. Per l'Italia non ci sono voli diretti da San Francisco.
      5. Il Metropolitan è a Chicago.
      6. Luisa Tetrazzini è una famosa maestra d'italiano.

(d) *Chi sono le persone o le cose descritte nelle frasi seguenti?*
1. È il maestro di Roberto.
2. Sono belli e sono a New York.
3. Ammirano il Lincoln Center.
4. Oggi non esiste più.
5. È a casa e aspetta.

(e) *Scrivete un breve componimento* (composition) *su:*
«Anch'io desidero andare in Italia perchè . . .»

2. Studenti Americani in Italia
(a) *Domande sul testo.*
1. È uno studente italiano Roberto?
2. Studia solamente la lingua italiana Roberto?
3. Perchè parla italiano Roberto?
4. È maestro di lingua italiana il signor Ferri?
5. Quando parte per Roma Roberto?
6. Che cosa continuerà all'Accademia di Belle Arti di Roma Roberto?
7. Perchè molti studenti americani partono per l'Italia?
8. Viaggia con un gruppo di studenti Roberto?
9. Tutti gli studenti restano un anno in Italia?
10. Dove troviamo centri per studenti stranieri in Italia?

(b) *Domande personali.*
1. Che cosa studia Lei?
2. Che scuola frequenta?
3. Parla mai italiano Lei? Con chi?
4. Quali lingue parla Lei?

(c) *Vero o falso. Secondo il senso della lettura le frasi seguenti sono vere o false. Se sono false fate le correzioni necessarie.*
1. Roberto è uno studente di primo anno.
2. Roberto studia la letteratura con un maestro.
3. Con il signor Ferri Roberto parla inglese.
4. Gli esami finiscono fra due mesi.
5. Gli studenti viaggiano sempre da soli.
6. L'Università di Perugia ha un centro per stranieri.

7. La Società Dante Alighieri offre corsi soltanto a Roma.
8. Alcuni studenti restano in Italia per mesi.

(d) *Spunti* (cues) *per conversazione o per un breve componimento.*
Lo studio delle lingue straniere.
Perchè studiare una lingua straniera? Come scegliere una lingua straniera. Che è più importante, imparare a leggere o a parlare una lingua straniera? È necessario un viaggio all'estero per imparare una lingua straniera?

3. In Aviogetto da New York a Milano
(a) *Domande sul testo.*
1. Sono già seduti i passeggeri?
2. Che cosa fa Roberto?
3. Quando il giovanotto domanda a Roberto se il posto è occupato, che cosa risponde Roberto?
4. Come si chiama il giovanotto?
5. Perchè Roberto desidera migliorare la sua conoscenza dell'italiano?
6. In che cosa consiste la strana combinazione?
7. Si è laureato all'Università di Chicago Roberto?
8. Che cosa ha ricevuto per andare a studiare in America Elio?
9. Che cosa fanno Elio e Roberto prima di cena?
10. Perchè tutti i passeggeri guardano dal finestrino?
11. Che cosa domanda Roberto alla «hostess»?
12. Anche Roberto va alla casa della zia di Elio?
13. Che cosa faranno domani Roberto e Elio?
14. Quando si daranno un appuntamento?
15. Che dice Roberto quando l'aviogetto atterra?

(b) *Domande personali.*
1. Lei ha viaggiato in aereo?
2. Lei allaccia la cintura di sicurezza solamente in aereo?
3. Lei che cosa studia quest'anno?

4. Quando Lei viaggia guarda dal finestino? Perchè?

5. Ha gli occhi azzurri lo studente (la signorina) vicino a Lei?

(c) *Vero o falso. Secondo il senso della lettura le frasi seguenti sono vere o false. Se sono false fate le correzioni necessarie.*

1. Roberto vola in un aviogetto di una compagnia americana.
2. La hostess dice a Elio, «si accomodi.»
3. Roberto va in Italia per imparare l'italiano.
4. Roberto riceverà una borsa di studio l'anno prossimo.
5. Elio va a studiare all'Accademia di Belle Arti.
6. Quando i passeggeri si addormentano è giorno.
7. Elio ha gli occhi castani e i capelli biondi.
8. I due giovani resteranno a casa della zia di Elio una settimana.

(d) *Completate le frasi seguenti.*

1. Non tutti i passeggeri sono seduti, ma Roberto . . .
2. Elio dice "s'accomodi" a Roberto perchè . . .
3. Roberto è contento di parlare in italiano con Elio perchè . . .
4. Roberto ha imparato l'italiano anche dal suo maestro di pittura perchè . . .
5. I passeggeri guardano dal finestrino perchè. . .
6. Elio ha già volato sulle Alpi e così . . .
7. Elio non starà in un albergo a Milano perchè . . .

(e) *Chi sono le persone o le cose descritte nelle frasi seguenti?*

1. Non è un'automobile, e molte persone lo prendono per fare lunghi viaggi.
2. Ha studiato negli Stati Uniti e ha una borsa di studio.
3. Quando un giovane dice come si chiama, risponde «piacere.»
4. La vedono dal finestrino mentre volano sulle Alpi.

5. È alto, ha i capelli biondi e gli occhi azzurri.
6. Quando arriverà a Milano, andrà a casa sua.
7. Durante il viaggio serve i passeggeri.

4. Un Po' di Geografia
   (a) *Domande sul testo.*
       1. Che aspetto caratteristico ha l'Italia?
       2. Quale catena di monti separa l'Italia dal resto dell'Europa?
       3. Quale pianura è ai piedi delle Alpi?
       4. Dove si trovano gli Appennini?
       5. Qual è la larghezza della penisola italiana?
       6. Quali sono i due principali porti italiani?
       7. Quali sono tre principali fiumi italiani?
       8. Come dividono il loro paese gl'Italiani?
       9. Dove sono le regioni agricole dell'Italia?
       10. Quali stati indipendenti ci sono dentro i confini italiani?

   (b) *Domande personali.*
       1. Sa Lei il nome di un vulcano italiano?
       2. C'è un fiume nella Sua città?
       3. Qual è il clima della Sua città?
       4. Preferisce un clima mite o freddo?

   (c) *Vero o falso. Secondo il senso della lettura le frasi seguenti sono vere o false. Se sono false fate le correzioni necessarie.*
       1. L'Italia è un paese in pianura.
       2. La California è più piccola dell'Italia.
       3. Le Alpi traversano l'Italia dal nord al sud.
       4. Il Tevere passa per Firenze.
       5. Genova è un importante porto sul mare Adriatico.
       6. Il vulcano Stromboli è in Sicilia.
       7. Milano è un centro agricolo.
       8. La repubblica di San Marino fa parte (*is a part*) dello stato italiano.

   (d) *Spunti per conversazione o per un breve componimento.*
       Il clima d'Italia.
          La varietà del clima in Italia.
          Il clima in montagna.

Il clima sul mare.

La Riviera e i laghi dell'Italia del nord.

Il clima della Sicilia.

5. All'Aeroporto di Milano

    (a) *Domande sul testo.*

        1. Che cosa aspettano nella sala della dogana i passeggeri?

        2. Che cosa domanda la guardia doganale a Roberto?

        3. Quante sigarette ha Roberto nella valigia?

        4. Perchè Roberto porta pennelli e colori in una valigia?

        5. Che cosa fa Elio all'uscita?

        6. Ha guardato in tutte le valige di Elio la guardia doganale?

        7. Che fa Roberto dopo la visita doganale?

        8. Vanno in città con un tassì Elio e Roberto?

        9. Dove si ferma l'autobus quando arriva a Milano?

      10. Dove e quando s'incontreranno i due amici?

      11. Che cosa faranno dopo colazione?

      12. Passerà molto tempo a Milano Roberto?

      13. Che cosa è il Duomo?

      14. Abita vicino al centro della città la zia di Roberto?

      15. Come si somigliano tutte le grandi città?

    (b) *Domande personali.*

        1. Lei ha mai comprato assegni per viaggiatori? Quando?

        2. Dove abita Lei?

        3. Lei prende l'autobus per andare a casa?

        4. Ci sono delle belle chiese nella nostra città?

        5. Lei deve prendere l'autobus per venire a scuola?

    (c) *Vero o falso. Secondo il senso della lettura le frasi seguenti sono vere o false. Se sono false fate le correzioni necessarie.*

        1. All'aeroporto di Milano Roberto non apre le valige ed è impaziente.

        2. Elio aspetta Roberto all'ufficio di cambio.

        3. La guardia doganale non è stata gentile e ha guardato in tutte le valige di Roberto.

4. Fuori dell'aeroporto le strade e le piazze sono deserte.

5. Elio e Roberto s'incontreranno dopo colazione e poi prenderanno un tassì.

6. I due giovani faranno un viaggio in treno da Milano a Firenze.

7. La zia di Roberto abita a due passi dal centro della città.

(d) *Scrivete un riassunto* (summary) *di «All'aeroporto di Milano.»*

6. Le Città Italiane

(a) *Domande sul testo.*

1. Perchè l'Italia ha molte città famose?
2. Quanti abitanti ha Roma?
3. Dove costruiscono le automobili Fiat?
4. Qual è la città principale della Sicilia?
5. Qual è la patria di San Francesco?
6. Quale città è ricordata per le sue fontane?
7. Cosa ci sono a Venezia invece delle strade?
8. Dov'è la parte moderna delle città italiane?
9. Perchè l'aspetto di molte città italiane non è cambiato?
10. Quando è diventata una nazione indipendente l'Italia?

(b) *Domande personali.*

1. Ha mai visto una carta geografica dell'Italia?
2. Sa il nome di cinque città italiane?
3. Quali di queste città vorrebbe visitare?
4. Come si chiama la chiesa più famosa della Sua città?
5. Da quanto tempo esiste la Sua città?

(c) *Vero o falso. Secondo il senso della lettura le frasi seguenti sono vere o false. Se sono false fate le correzioni necessarie.*

1. Roma è l'unica città famosa in Italia.
2. La civiltà italiana è essenzialmente rurale.
3. Milano ha più di tre milioni di abitanti.
4. Catania è la città principale della Sicilia.
5. Cagliari è una città al sud della Sardegna.
6. Firenze, culla del Rinascimento, è un famoso porto di mare.
7. Una delle bellezze dell'Italia è la sua uniformità.

(d) *Spunti per conversazione o per un breve componimento.*

La varietà delle città italiane.

L'antico e il moderno nelle città italiane.

I principali porti.

I centri industriali.

Firenze e il Rinascimento.

Roma e il cristianesimo.

Venezia e il commercio marittimo.

7. Un Appuntamento nella Galleria di Milano

(a) *Domande sul testo.*

1. Come ha mantenuto la promessa Elio Martelli?
2. Chi ha portato Elio all'albergo di Roberto?
3. Come parla l'inglese Nanda?
4. Che cosa hanno visitato i tre giovani?
5. Dove sono essi ora?·
6. Che fanno nella Galleria?
7. Prende un cappuccino Nanda?
8. È una bibita alcolica l'aranciata?
9. Vanno a vedere il Cenacolo a piedi?
10. Che cosa è la Galleria?
11. Perchè i tre amici visitano Santa Maria delle Grazie?
12. Come si chiama il teatro principale di Milano?
13. Dove danno delle opere durante l'estate in Italia?
14. Perchè c'è sempre tanto traffico a Milano?
15. Che dipingerà Roberto?

(b) *Domande personali.*

1. Quanti cugini ha Lei? Come si chiamano?
2. Lei ha occasione di parlare italiano fuori di classe? Con chi?
3. Ha gli occhi neri la signorina (lo studente) vicino a Lei?
4. Lei ha mai visto delle vetrate a colori? Dove?
5. Che cosa è il Cenacolo?
6. Lei che cosa prende quando va in un caffè?
7. Quando Lei va in un posto vicino a casa Sua, prende il tram?
8. Quando Lei ha finito di bere un caffè o un'aranciata, che cosa dice al cameriere?
9. Le piace andare all'opera? Perchè?

(c) *Vero o falso. Secondo il senso della lettura le frasi seguenti sono vere o false. Se sono false fate le correzioni necessarie.*

1. Elio è arrivato all'albergo di Roberto con sua zia.
2. Nanda ha i capelli neri e gli occhi azzurri.
3. Elio prende un espresso e Nanda prende un cappuccino.
4. Spesso le vetrate a colori sono belle.
5. Il Cenacolo è un affresco di Michelangelo.
6. La Galleria si chiama così perchè è coperta.
7. In tutte le cattedrali c'è poca luce.
8. L' Arena è a Roma.
9. Milano è un centro commerciale ma non è un centro industriale.
10. Roberto sapeva che a Milano c'è una fiera in aprile.

(d) *Chi sono le persone o le cose descritte nelle frasi seguenti?*

1. Ogni volta che va a Milano entra nel Duomo.
2. Ha studiato l'inglese ma non l'ha parlato spesso con gli americani.
3. Domanda ai tre giovani che cosa prendono.
4. Sono spesso nella Galleria perchè è il loro ritrovo preferito.
5. È importante per leggere il giornale e anche i libri.
6. Ci vanno a piedi perchè non è lontano.
7. Ci hanno cantato molti grandi artisti.
8. È importante quando attraversiamo la via.

8. Da Milano a Bologna in Automobile
   (a) *Domande sul testo.*

1. Che cosa fa Roberto mentre la macchina corre?
2. È nuova la macchina di Elio?
3. Perchè è comodo il portellone posteriore?
4. Cosa è l'ora di punta?
5. Qual è una macchina da corsa italiana?
6. Quando fu costruita la Via Emilia e da chi?
7. In che parte dell'Italia è Parma?
8. Che cosa è la Certosa?
9. Perchè si sono fermati a una stazione di servizio i due amici?

10. Che cosa fanno Elio e Roberto durante il viaggio?

(b) *Domande personali.*
1. Che macchina guida Lei?
2. Ha mai guidato una macchina italiana?
3. Quali sono tre famose corse di automobili?
4. Abita al centro o in periferia Lei?
5. Quante miglia ci sono tra la sua casa e la scuola?

(c) *Vero o falso. Secondo il senso della lettura le frasi seguenti sono vere o false. Se sono false fate le correzioni necessarie.*
1. La macchina di Elio è grande e nuova.
2. Elio ha preso la vecchia strada perchè è più breve.
3. Il numero di automobili in Italia è lo stesso di dieci anni fa.
4. Ci sono autostrade solo nell'Italia del nord.
5. La *Lancia* è la macchina più popolare in Italia.
6. Alcune città hanno proibito la circolazione dei turisti.
7. L'Italia esporta poche automobili.
8. La *Via Emilia* è stata costruita recentemente.

(d) *Spunti per conversazione o per un breve componimento.*
La circolazione delle automobili nelle città.
Perchè esiste il problema?
Alcuni rimedi possibili.
I diritti dei pedoni.
Si può vivere senza l'automobile?
I servizi pubblici di autobus, filobus, ecc.

9. Arrivo a Bologna
(a) *Domande sul testo.*
1. A che ora arrivano a Bologna Elio e Roberto?
2. Perchè Roberto desidera andare a un albergo?
3. Di chi è la camera libera nella casa di Elio?
4. Che cosa sono «Garisenda» e «Asinelli»?
5. Perchè sono comodi i portici?

6. Sono larghe le vie di Bologna?
7. Che cosa c'è a Via Zamboni?
8. Dove abitano quasi tutte le famiglie italiane in una città?
9. Quanti piani hanno i vecchi palazzi di Bologna?
10. Che cosa fa il portiere di un palazzo?
11. Che cosa è il portone?
12. Chi c'è a casa di Elio quando arrivano i due giovani?
13. Quante stanze ci sono nell'appartamento di Elio?
14. Ci sono molti canali alla televisione italiana?
15. Con che accento parla l'annunciatore?

(b) *Domande personali.*
1. Lei quando va in vacanza?
2. Lei guida lentamente? Quando?
3. Le piace andare in ascensore, signorina (signor) . . . . . . ? Perchè?
4. Quando manda un telegramma Lei invece di telefonare?
5. Quante stanze ci sono nella casa dei Suoi genitori? Quali sono?
6. C'è un armadio con lo specchio nella Sua camera? Se no, perchè?
7. Quali programmi preferisce vedere alla televisione Lei?
8. Il Suo televisore è americano? Che marca è?

(c) *Vero o falso. Secondo il senso della lettura le frasi seguenti sono vere o false. Se sono false fate le correzioni necessarie.*
1. Roberto vuole disturbare i genitori di Elio.
2. Nella casa di Elio ci sono due camere libere; sono le camere delle sue sorelle.
3. Nel Medioevo non c'era nessuna torre pendente a Bologna.
4. I portici riparano dal sole nell'inverno e dalla pioggia nell'estate.
5. In Italia tutti hanno una villa in periferia.
6. Generalmente in Italia la famiglia del portiere abita al secondo piano.
7. La famiglia di Elio abita nell'appartamento numero 5 al pian terreno.

8. Quando le persiane sono aperte c'è poca luce.
9. In Italia ci sono soltanto due canali alla televisione.
10. In America tutti pagano un abbonamento annuale.

(d) *Scrivete un breve componimento su:*
"Perchè preferisco una città italiana a una città americana (o, viceversa)."

10. Lingua e Dialetti
   (a) *Domande sul testo.*
      1. Qual è la popolazione dell'Italia?
      2. C'è uniformità etnica in Italia?
      3. Quante volte è stata invasa l'Italia?
      4. Che cosa sono i «dialetti»?
      5. Da quale lingua deriva l'italiano?
      6. Quali altre lingue sono lingue romanze?
      7. Che dialetto parlano a Torino?
      8. Che cosa rispecchia la suddivisione linguistica in Italia?
      9. Quale dialetto si affermò come lingua letteraria? Perchè?
      10. In che lingua scrisse Dante?

   (b) *Domande personali.*
      1. Secondo Lei, gli Americani parlano tutti con lo stesso accento?
      2. Ha mai sentito un programma in italiano alla televisione? Alla radio?
      3. Va spesso al cinema Lei?
      4. Che lingua parla con sua madre?
      5. Parla un dialetto Lei?

   (c) *Vero o falso. Secondo il senso della lettura le frasi seguenti sono vere o false. Se sono false fate le correzioni necessarie.*
      1. In Italia c'è grande varietà di tipi etnici.
      2. L'Italia è stata invasa soltanto dal sud.
      3. Gli Italiani di solito parlano due dialetti.
      4. L'inglese è una lingua romanza.
      5. Le lingue romanze derivano dal greco.
      6. Il dialetto di Firenze è il lombardo.
      7. I primi scrittori italiani scrissero in romano.

8. La televisione tende a creare varietà di lingua.

(d) *Spunti per conversazione o per un breve componimento.*

La lingua inglese e la lingua italiana.

Qual è più facile? Qual è più utile? Qual è più bella? Qual è più ricca?

11. Alla Stazione di Bologna

(a) *Domande sul testo.*

1. Perchè sono alla stazione Elio e Roberto?
2. Che cosa possiamo comprare a un'edicola?
3. Che cosa è *Il Resto del Carlino?*
4. A che ora arriverà il treno?
5. Che cosa fanno i due giovani dopo che hanno attraversato la cancellata?
6. A che cosa corrisponde «ciao» in inglese?
7. Quando si rivedranno i due amici?
8. Che cosa nota Roberto quando sale in treno?
9. Perchè sono differenti i finestrini dei treni italiani?
10. Signor (Signorina). . . .vuole descrivere i due passeggeri che sono nello scompartimento con Roberto?
11. Che cosa domanda il signore a Roberto?
12. Quando prendiamo un facchino alla stazione o a un aeroporto?
13. Di che cosa parla il signore?
14. È lungo il viaggio da Bologna a Firenze?
15. Che sigle ci sono sulle vetture dei treni americani?

(b) *Domande personali.*

1. Lei ha mai viaggiato in treno? Da dove a dove?
2. Quali riviste americane legge Lei? Perchè?
3. Se Lei ha visto qualche film italiano o francese, già sapeva che le vetture dei treni europei sono differenti da quelle americane, vero? Qual è la differenza?
4. Quante classi ci sono nei treni americani? E negli aviogetti?
5. Se Lei desidera sapere se un posto in un treno, o in teatro, è libero, come lo chiede?

6. Lei legge il giornale? Se sì, lo legge tutto, o quale parte preferisce?
7. Quando Lei va in villeggiatura quante valige porta? Perchè?
8. Che ore sono ora, signor (signorina) . . . ?

(c) *Scegliete la risposta corretta e completate.*

1. Si fermano davanti a un'edicola ———
   a. per prendere un'aranciata
   b. per fumare una sigaretta
   c. per comprare un giornale
2. Ci fermiamo al binario ———
   a. per chiamare il controllore
   b. per aspettare il treno
   c. per scendere dal treno
3. «In carrozza» significa che ———
   a. il treno sta per partire
   b. il controllore desidera vedere i biglietti
   c. il finestrino è aperto
4. «Proseguirò per Napoli» significa ———
   a. prenderò la strada di Napoli
   b. non scenderò a Roma
   c. comprerò il giornale quando arriverò a Napoli.
5. Roberto sorride perchè ———
   a. Chi va piano va sano e va lontano
   b. la rivista che legge è comica
   c. non ha avuto un momento per leggere il giornale

(d) *A che ora?*

In Italy train, bus and airplane departures, are given on a 24-hour clock. For example, *le 21=le nove di sera*. Referring to ordinary activities, however, one uses a 12-hour clock. See how quickly you can make the adjustment from the 24-hour to the 12-hour clock.

1. Lei fa un viaggio. Il Suo treno parte alle 17:30. A che ora deve arrivare alla stazione?
2. Lei consulta la *Guida TV* per vedere quali sono i programmi di stasera. Dalle 19:30 (diciannove e trenta) alle 22 (ventidue) c'è un programma sportivo che non Le interessa. Ma alle 22:10 (ventidue e dieci) c'è un Western che Le interessa. A che ora accende il televisore?

3. Lei va in Italia in aereo. L'aviogetto parte da New York alle 17:15 (diciassette e quindici). L'aereo impiega (*takes*) otto ore e mezzo per andare a Roma. Ma fra l'Italia e New York c'è una differenza di sei ore. Per esempio, quando sono le sei di mattina a New York, è mezzogiorno a Roma. A che ora arriverà a Roma?

(e) *Scrivete un breve componimento intitolato:*
«Perchè molte persone viaggiano in treno in Italia, mentre poche persone viaggiano in treno negli Stati Uniti?»

12. Un Po' di Storia

Dall'antica Roma al secolo diciottesimo.

(a) *Domande sul testo.*
1. Quale città è stata importante forse quanto Roma nella storia d'Italia?
2. Perchè l'avvento del Cristianesimo e la caduta dell'Impero Romano cambiarono la storia di Roma?
3. Come continuò a dominare Roma durante il Medioevo?
4. Che cosa era un Comune?
5. Come si chiama il periodo che seguì il Medioevo?
6. Come si chiamava il capo del nuovo stato?
7. Quale secolo si chiama il barocco?
8. Sotto le Signorie cosa fu sostituito alle libere istituzioni?
9. Chi era il Principe o il Signore?
10. Dov'è Venezia?

(b) *Domande generali.*
1. Cosa fu il Rinascimento?
2. Chi erano gli invasori dell'Italia?
3. Quale fu un'istituzione veramente italiana nel Medioevo?
4. Come si chiama oggi Costantinopoli?
5. Qual è un simbolo architettonico dell'Italia?

(c) *Vero o falso. Secondo il senso della lettura le frasi seguenti sono vere o false. Se sono false fate le correzioni necessarie.*
1. Il Campanile di Giotto è un simbolo di Venezia.

189

2. Siena fu il centro principale del Rinascimento.
3. Il Comune era governato da un Principe.
4. Le invasioni alterarono l'eredità romana della penisola.
5. L'Italia non è mai stata invasa.
6. Le Signorie erano governate dal Papa.
7. Il Rinascimento fu un periodo di progresso politico per l'Italia.
8. La storia d'Italia è la storia di Roma.

(d) *Spunti per conversazione o per un breve componimento.*

Roma città eterna.

Quando fu fondata Roma?
L'evoluzione di Roma nei tempi antichi.
L'impero romano.
Roma e il Cristianesimo.
Roma nel Medioevo.
Roma nel mondo moderno.

13. Un Po' di Storia

Dal secolo diciottesimo ai nostri giorni

(a) *Domande sul testo.*
1. Quale periodo si chiama Risorgimento?
2. Che cosa vuol dire la parola Risorgimento?
3. Quando diventò una repubblica l'Italia moderna?
4. Cosa diventò l'Italia durante le guerre religiose?
5. Chi controllava il destino politico dell'Italia nell'ottocento?
6. In che secolo l'Italia diventò indipendente?
7. Contro chi combatterono gl'Italiani per la loro indipendenza?
8. Dove era il Regno delle Due Sicilie?
9. Per quanti anni governò l'Italia il regime fascista?
10. Cosa diceva a proposito dell'Italia un famoso uomo di stato austriaco?

(b) *Domande generali.*
1. Le piace lo studio della storia?
2. Qual è la forma di governo dell'Italia oggi?
3. Che cosa fu la Controriforma?

4. Chi era Vittorio Emanuele II?

5. Dov'è Torino?

(c) *Vero o falso. Secondo il senso della lettura le seguenti frasi sono vere o false. Se sono false fate le correzioni necessarie.*

1. L'Illuminismo fu un movimento italiano.

2. Il Risorgimento durò solamente pochi anni.

3. I re Borbonici governavano nell'Italia centrale.

4. La prima capitale dell'Italia moderna fu Firenze.

5. Il Papato di oggi è uno stato.

6. L'Italia combattè contro la Francia per la sua indipendenza.

7. Un plebiscito è una forma di voto.

(d) *Spunti per conversazione o per un breve componimento.*

Il fascismo.

Quando e dove nacque il fascismo.

Da cosa deriva il nome «fascismo».

Il fascismo e il nazismo.

Perchè gli Stati Uniti combatterono per la distruzione del fascismo.

14. L'Università per Stranieri di Firenze

(a) *Domande sul testo.*

1. Che cosa fa Roberto quando arriva a Firenze?

2. In che parte di Firenze è situata la pensione?

3. Che veduta c'è dalla finestra della camera di Roberto?

4. Chi abita nella stessa pensione?

5. È italiano lo studente ch'è a Firenze da un anno?

6. A che ora esce Roberto per andare all'Università per Stranieri?

7. Perchè ci vanno a piedi?

8. Che lezioni ha Mario?

9. Perchè Mario non conosce Leopardi?

10. Quando sono incominciate le lezioni?

11. Quante sessioni ci sono a Firenze per gli studenti stranieri?

12. Che cosa è «L'Infinito»?

13. Dove abitano gli studenti italiani?
14. In che modo sono diverse le università italiane?
15. Lo studente italiano dà gli esami alla fine dell'anno scolastico?

(b) *Domande personali.*
1. Lei abita in una pensione per studenti durante l'anno scolastico?
2. Vuole descrivere la Sua camera?
3. Ha un programma in Italia la nostra scuola (università)?
4. Che lezioni ha Lei il mercoledì?
5. Lei viene a scuola (all'università) tutti i giorni?
6. Ha seguito corsi di letteratura italiana Lei?
7. Lei preferisce la prosa o la poesia? Perchè?
8. Molte università americane hanno una o due sessioni estive. Perchè sono utili?
9. Signorina (Signor) . . . , vuole descrivere il nostro «campus»?
10. Le è piaciuto «L'Infinito»? Perchè?

(c) *Rileggete il testo e poi completate le frasi seguenti senza consultare il testo.*
1. La pensione di Roberto è situata _____ .
2. Dalla finestra c'è una splendida veduta della chiesa di _____ .
3. L'amico di Roberto si prepara per _____ .
4. I due amici vanno a _____ perchè i filobus sono pieni.
5. Roberto conosce bene la storia _____ .
6. «L'Infinito» è una _____ di Leopardi.
7. La sessione estiva finirà il _____ .
8. Gli studenti italiani danno gli esami _____ .
9. Le università italiane hanno edifici in _____ .
10. I due amici si lasciano all'entrata della _____ .

(d) *Vero o falso. Secondo il senso della lettura le frasi seguenti sono vere o false. Se sono false fate le correzioni necessarie.*
1. Roberto è andato a una pensione per signore a piedi.

2. La sua camera dà sul mare, e c'è una veduta della spiaggia.
3. Mario e Roberto non prendono il filobus.
4. Roberto non ha mai seguito un corso sul Leopardi.
5. Mario ricorda con precisione quando sono iniziate le lezioni.
6. A Firenze molti studenti abitano nelle «fraternities.»
7. Le università italiane sono organizzate come quelle americane.
8. In Italia l'anno scolastico comincia in settembre e finisce in aprile.
9. L'Università di Bologna ha un «campus» famoso.
10. Probabilmente, mentre aspetta davanti alla segreteria Roberto farà delle conoscenze.

(e)   *Scrivete un breve componimento intitolato:*
«Perchè preferisco l'anno scolastico italiano (americano) a quello americano (italiano).»

15. La Scuola Italiana

(a)   *Domande sul testo.*
1. Ci sono università per stranieri negli Stati Uniti?
2. Perchè l'istruzione varia negli stati americani?
3. A chi è affidata l'istruzione pubblica in Italia?
4. Cosa tende a creare l'organizzazione centrale?
5. È grande il numero di studenti italiani che frequentano le università?
6. Fino a che età devono frequentare le scuole i ragazzi italiani?
7. A che età possono cominciare la scuola i bambini italiani?
8. Che scuola frequenta uno studente che vuole diventare maestro di scuola elementare.
9. Vanno al Liceo tutti gli studenti?
10. Quanti anni dura il Liceo?

(b)   *Domande personali.*
1. Da quando va a scuola Lei?

193

2. Che professione intende seguire?
3. La Sua scuola è privata o di stato?
4. Quante materie segue Lei quest'anno?
5. Ha frequentato una scuola materna Lei?

(c) *Vero o falso. Secondo il senso della lettura le frasi seguenti sono vere o false. Se sono false fate le correzioni necessarie.*
1. In Italia le regioni controllano l'istruzione pubblica locale.
2. L'orientamento delle università italiane e americane è diverso.
3. Oggi il numero di studenti iscritti alle università italiane è molto esiguo.
4. La scuola elementare dura otto anni.
5. Le scuole per i bambini di quattro anni si chiamano scuole elementari.
6. La scuola media unica è la stessa per tutti.
7. I criteri per l'ammissione all'università non sono mai stati cambiati.
8. Gli Istituti Magistrali preparano per l'ammissione all'università.

(d) *Spunti per conversazione o per un breve componimento.*
Qual è la funzione di un'università?
Cosa si deve insegnare in un'università.
Corsi obbligatori o corsi facoltativi.
Materie pratiche o materie teoriche.
L'università deve preparare lo studente per una professione.
L'università deve preparare lo studente per la vita nel mondo di oggi.
Gli studenti e la politica.

16. Soggiorno Fiorentino
(a) *Domande sul testo.*
1. Perchè Roberto deve cambiare un paio di assegni per viaggiatori?
2. La colazione italiana è come quella americana?
3. Ha cambiato gli assegni a una banca?
4. Signor (Signorina) . . . . . . vuole descrivere che giornata è oggi?
5. Dove va prima di tutto Roberto quando arriva all'American Express?
6. Perchè ripasserà lunedì?

7. Che cosa farà Roberto quando partirà per Roma?
8. Perchè Roberto deve fare la coda?
9. Perchè Roberto va al reparto di viaggi?
10. Con chi parla a lungo Roberto?
11. Perchè si ferma in una libreria?
12. Che cosa vuole vedere nelle Cappelle Medicee?
13. Quale statua preferisce l'impiegato?
14. Dov'è il David di Michelangelo?
15. Che cosa troverà Roberto nella guida che ha comprato?

(b) *Domande personali.*
1. Lei quando si alza la mattina?
2. Che mangia Lei la mattina?
3. Le piace la pioggia? Perchè?
4. Lei è andato (-a) mai in una banca? A fare che cosa?
5. C'è uno studente (una studentessa) simpatico (-a) in questa classe? Perchè lo (la) trova simpatico (-a)?
6. Lei quali ricordi preferisce comprare quando fa un viaggio?
7. Perchè è necessaria la pianta di una città?
8. Sua madre mi ha invitato a casa Sua. Mi vuole segnare alla lavagna che via devo fare?
9. Chi è «l'angelo» nella breve poesia di Giovanni Strozzi?

(c) *Completate le frasi seguenti:*
1. Roberto deve cambiare gli assegni per viaggiatori perchè . . .
2. Roberto ha cambiato d'idea, e così invece di andare . . .
3. Forse pioverà perchè . . .
4. Roberto ripasserà un altro giorno perchè . . .
5. Deve fare la coda perchè . . .
6. Il Ponte Vecchio è sempre affollato di persone perchè . . .
7. Roberto desidera comprare la pianta di Firenze perchè . . .
8. Roberto non visiterà il Museo dell'Accademia perchè . . .

(d) *Scrivete un riassunto di «Soggiorno fiorentino.»*

17. L'Arte Italiana

Dall'arte dell'antica Roma al periodo romanico e gotico.

(a) *Domande sul testo*
1. Perchè Roberto ha visitato l'Accademia di Belle Arti?
2. A quale periodo risale la tradizione artistica italiana?
3. Troviamo soltanto esempi di arte moderna nella Roma di oggi?
4. Perchè è importante Ravenna nella storia dell'arte in Italia?
5. Che cosa troviamo nelle chiese di Ravenna?
6. A quale periodo dell'architettura appartengono il Duomo di Pisa e Sant'Ambrogio di Milano?
7. Che cos'è *La Piazza dei Miracoli*?
8. Quali sono due famosi edifici gotici italiani?
9. Chi era Giotto?
10. Che cosa troviamo nella Cappella degli Scrovegni?

(b) *Domande generali.*
1. Ha mai sentito parlare del *David*?
2. A che cosa serviva il Colosseo?
3. Qual è un esempio di architettura gotica a Venezia?
4. Dov'è Cefalù?
5. Cosa era il Foro per gli antichi romani?

(c) *Vero o falso. Secondo il senso della lettura le frasi seguenti sono vere o false. Se sono false fate le correzioni necessarie.*
1. Il museo dell'Accademia è l'unico museo di Firenze.
2. L'arte italiana risale al Medioevo.
3. Il Colosseo è un esempio dell'architettura del Rinascimento.
4. Il Foro Romano non è altro che un mucchio (*pile*) di rovine.
5. Un mosaico non ha molti colori.
6. Il Palazzo dei Dogi è a Padova.
7. Molti affreschi di Giotto si trovano ad Assisi.
8. Santa Croce è una chiesa di Milano.

(d) *Spunti per conversazione o per un breve componimento.*

È un lusso l'arte?
  Chi deve studiare l'arte?
  Si può insegnare come diventare artista?
  Perchè la maggioranza degli artisti sono poveri?
  A cosa serve lo studio dell'arte?
  Nella vita moderna l'arte è una necessità.

18. L'Arte Italiana

Il Rinascimento, il Barocco, l'Ottocento e il Novecento.

(a) *Domande sul testo.*
   1. Lo splendore di quale epoca non è forse mai stato eguagliato?
   2. Perchè è importante l'opera del Brunelleschi?
   3. Che cos'è la *Nascita di Venere*?
   4. Quando parliamo di Tiziano e di Tintoretto a che scuola pensiamo?
   5. Dove troviamo esempi di arte barocca?
   6. In quale secolo ci fu un ritorno alle forme classiche?
   7. Perchè l'arte fu coltivata meno in Italia nel secolo diciannovesimo?
   8. Che cosa notiamo nell'arte italiana dopo l'indipendenza?
   9. A che secolo appartiene il movimento futurista?
   10. Dov'è la *Fontana di Trevi*?

(b) *Domande generali.*
   1. C'è una rinascita nelle arti oggi?
   2. Chi è il suo artista preferito?
   3. Cosa è una statua equestre?
   4. Dov'è la Cappella Sistina?
   5. Quale leggenda esiste per la Fontana di Trevi?

(c) *Vero o falso. Secondo il senso della lettura le frasi seguenti sono vere o false. Se sono false fate le correzioni necessarie.*
   1. Donatello fu l'inventore della prospettiva architettonica.

197

2. Santa Maria del Fiore è una chiesa di Venezia.
3. La statua di Gattamelata è una statua equestre.
4. La *Monna Lisa* è un famoso quadro di Michelangelo.
5. Raffaello era famoso per le sue sculture.
6. Il barocco fu un movimento semplice.
7. *Santa Maria della Salute* è un museo di Milano.
8. I *Macchiaioli* erano pittori del secolo scorso.

(d) *Spunti per conversazione o per un breve componimento.*

Leonardo da Vinci—uomo universale.

Cosa è un «uomo universale»?

Leonardo è chiamato «uomo universale».
Perchè? Cosa interessava a Leonardo (L'arte? La medicina? Le invenzioni? L'ingegneria? Le ricerche?)

La Monna Lisa e *L'ultima cena.*

Il sorriso della Mona Lisa.

19. A Tavola non s'invecchia

(a) *Domande sul testo.*
1. Dov'è Roberto questo dato sabato?
2. Chi è Paolo Fasetti?
3. Hanno ancora letto il menu?
4. Che fa Roberto prima di mangiare?
5. Il prosciutto è buono soltanto con il melone?
6. Che cosa vuol dire «A tavola non s'invecchia»?
7. È giusto il proverbio «È meglio pagare il conto dell'oste che il conto del medico»?
8. Quali sono due specialità bolognesi?
9. Qual è una specialità di Napoli?
10. Che cosa bevono con i pasti gli Italiani?
11. Che servono nei «bar» in Italia?
12. Che cosa significa pagare alla romana?
13. In America si mangia l'insalata alla fine del pranzo?

(b) *Domande personali.*
1. Le piace mangiare al ristorante?
2. Ha mai mangiato in un ristorante italiano?

3. Conosce il nome di qualche vino italiano?
4. Sa che cos'è l'espresso?
5. Quando Lei va al ristorante con gli amici chi paga?
6. Lei signor (signorina) . . . conosce qualche altra specialità italiana?

(c) *Scegliete la risposta corretta.*
1. Paolo e Roberto si sono conosciuti
   a. in un ristorante
   b. alla stazione
   c. all'American Express
2. Il cameriere ha portato il menu
   a. dove c'è la lista dei vini
   b. dove ci sono scritti i vari piatti
   c. che spiega perchè i piatti sono cari
3. Paolo e Roberto mangiano il prosciutto con il melone
   a. dopo l'insalata
   b. prima del pollo
   c. insieme ai funghi
4. In Italia ci sono molte acque minerali. Una delle più conosciute ha questo nome
   a. Perrier
   b. Chianti
   c. San Pellegrino

(d) *Quali espressioni nel testo corrispondono a queste descrizioni?*
1. L'ora in cui i due amici sono seduti al ristorante.
2. Sono così felici che non si accorgono che il tempo passa.
3. Il cameriere li ha serviti, ma prima Roberto e Paolo hanno fatto una cosa importante.
4. Una cosa la facciamo volentieri, anche se i prezzi sono un po' cari, l'altra no.
5. È un piatto che è molto comune in America, e in Italia è una specialità fiorentina.
6. È una bibita analcolica molto comune in Italia, ma per ora poco comune nei ristoranti americani.
7. È una cosa che gli amici, specialmente gli studenti, fanno alla fine di un pranzo al ristorante.

20. Lo Sport in Italia.

(a) *Domande sul testo.*
1. Qual è uno sport preferito dagli Italiani?
2. Quale squadra di calcio partecipa ai campionati mondiali?
3. Che cosa sono i «tifosi»?
4. C'era il calcio a Firenze nel Rinascimento?
5. Qual è il Santo Patrono di Firenze?
6. Che cosa erano le antiche corporazioni?
7. Che cosa è il *Giro d'Italia?*
8. Qual è un centro per gli sport invernali in Italia?
9. Dove sono gli Abruzzi?
10. Che giornale legge un italiano che s'interessa dello sport?

(b) *Domande personali.*
1. Quale sport preferisce Lei?
2. A quali gare sportive partecipa Lei?
3. Si è mai addormentato Lei a una partita di baseball?
4. È un entusiata della neve Lei?
5. Le piacerebbe vedere una copia della *Gazzetta dello Sport?*

(c) *Vero o falso. Secondo il senso della lettura le frasi seguenti sono vere o false. Se sono false fate le correzioni necessarie.*
1. Il calcio in Italia è uno sport di dilettanti.
2. San Domenico è il patrono di Firenze.
3. Il premio per i vincitori del calcio in livrea è un cavallo bianco.
4. Le corse di biciclette hanno luogo solamente su una pista.
5. La Ferrari è una famosa macchina da corsa.
6. L'interesse nella scherma è in aumento.
7. In Italia mancano i centri di sport invernali.
8. Roccaraso è sulle Alpi.

(d) *Spunti per conversazione o per un breve componimento.*
Calcio sì, football no! O viceversa.
La differenza tra i due sport.
Sport di dilettanti o di professionisti?
In che paesi si gioca il football e in quali il calcio?

Diventa popolare il calcio negli Stati Uniti?
E il «rugby» chi lo gioca?

21. A Una Conferenza su Dante
(a) *Domande sul testo.*
1. Da quanto tempo è a Firenze Roberto?
2. Che cosa fanno Roberto e Mario?
3. Ha comprato un ombrello Roberto?
4. Quando ci mettiamo l'impermeabile?
5. Dove si recano i due amici?
6. Quando e perchè lasciò la sua patria Dante?
7. Che cosa c'è nel Palazzo della Lana?
8. Che cosa fanno i vigili negli incroci?
9. Che cosa è *La Nazione?*
10. Perchè è caratteristica la «terza pagina» dei giornali italiani?
11. A che ora incomincia la conferenza?
12. Che cos'è l'*Inferno?*
13. Che cosa rappresenta l'affresco di Michelino?
14. Com'è il Palazzo della Lana?
15. Di che cosa parlerà il conferenziere?

(b) *Domande personali.*
1. Quando piove Lei preferisce portare l'ombrello o mettersi l'impermeabile? Perchè?
2. Qual è il suo scrittore preferito? Perchè?
3. Lei preferisce la prosa o la poesia? Perchè?
4. Se Lei è per la via con l'ombrello aperto per proteggersi dalla pioggia, che cosa fa se smette di piovere?
5. Le piacerebbe seguire un corso di letteratura mondiale? Perchè?
6. Lei ha mai partecipato a una manifestazione studentesca?
7. Nel sonetto di Dante che abbiamo letto, ha notato delle parole simili ma non identiche a quelle moderne? Quali?

(c) *Scrivete delle frasi accoppiando* (matching) *una parola della colonna a sinistra con una parola della colonna a destra.*

Esempio:
Dante/*Vita Nuova*
Dante scrisse la *Vita Nuova.*

piovere	controllare
Michelino	conferenza
professore	*Divina Commedia*
vigile	ombrello
rivista	illustrazioni
Inferno	giovanile
Gustave Doré	affresco
Vita Nuova	edicola

(d) *Scrivete un riassunto di:*
«A una conferenza su Dante»

22. Un Po' di Letteratura Italiana

Da Dante al Rinascimento.

(a) *Domande sul testo.*
1. Dove e quando nacque Dante Alighieri?
2. Perchè possiamo dire che Dante fu il padre della letteratura italiana?
3. Quali scrittori troviamo all'inizio della letteratura italiana?
4. Per cosa è ricordato il Boccaccio?
5. Perchè è facile leggere le opere degli inizi della letteratura italiana?
6. Quale letteratura ammirarono gli scrittori del Rinascimento?
7. Che cosa scrisse Benvenuto Cellini?
8. Che cosa è *Il Principe?*
9. Quali sono alcuni personaggi della *Commedia dell'Arte?*
10. Quando visse (*lived*) Petrarca?

(b) *Domande generali.*
1. Chi era Dante Alighieri?
2. È un'opera conosciuta *Il Principe?*
3. Ha mai letto la *Vita* di Cellini?
4. Cos'è uno scenario?
5. Chi era Pulcinella?

(c) *Vero o falso. Secondo il senso della lettura le frasi seguenti sono vere o false. Se sono false fate le correzioni necessarie.*
1. Quando Dante nacque la letteratura italiana non esisteva.
2. Petrarca non studiò mai la letteratura classica.

3. La donna che ispirò Dante fu Laura.
4. Chaucer conosceva le opere del Boccaccio.
5. La lingua inglese è cambiata poco attraverso i secoli.
6. L'autore de *Il Principe* è Benvenuto Cellini.
7. La Commedia dell'Arte non diventò popolare.
8. In uno scenario il dialogo era scritto parola per (*by*) parola.

(d) *Spunti per conversazione o per un breve componimento.*
Perchè preferisco leggere:
opere classiche
opere di poesia
romanzi di avventura
romanzi polizieschi (*mystery*)
romanzi di fantascienza (*science fiction*)
opere biografiche
un po' di tutto

23. Un Po' di Letteratura Italiana

Dal Rinascimento all'epoca moderna.

(a) *Domande sul testo.*
1. Chi è un poeta italiano contemporaneo?
2. Cosa vuol dire *marinismo?*
3. Chi era Galileo Galilei?
4. Quante commedie scrisse Goldoni?
5. Qual è il periodo della lotta per l'indipendenza in Italia?
6. Sono letti in America gli scrittori moderni italiani?
7. In che anno diventò indipendente l'Italia?
8. Qual è il più famoso romanzo italiano?
9. Quale autore italiano ha ricevuto il premio Nobel?
10. Chi è uno dei grandi poeti lirici d'Italia?

(b) *Domande generali.*
1. Perchè ricordiamo Galileo Galilei?
2. Che cosa scrisse Goldoni?
3. In che secolo ebbe luogo il Risorgimento?
4. Il nome di un autore americano che ha ricevuto il premio Nobel?

(c) *Vero o falso. Secondo il senso della lettura le frasi seguenti sono vere o false. Se sono false fate le correzioni necessarie.*

1. La Commedia dell'Arte non continuò oltre il Rinascimento.
2. Marino rappresenta il carattere della letteratura italiana durante il barocco.
3. La letteratura del barocco è basata su un linguaggio semplice.
4. La prosa di Galileo era molto difficile e confusa.
5. Pochi Italiani conoscono *I Promessi Sposi*.
6. Gabriele D'Annunzio ha vinto il premio Nobel.
7. Carlo Goldoni scrisse una o due commedie.
8. Giuseppe Ungaretti è uno scrittore di opere drammatiche.

(d) *Spunti per conversazione o per un breve componimento.*

Il Premio Nobel
Chi era Nobel?
Perchè stabilì il Premio Nobel?
Che importanza ha oggi il Premio Nobel nella letteratura?
Perchè i «best sellers» non ricevono il premio Nobel?
Altri premi letterari di importanza internazionale.

24. Da Firenze a Siena

(a) *Domande sul testo.*

1. Che cosa voleva fare Roberto?
2. Perchè ha cambiato proposito?
3. Che cosa è Fregene?
4. Che cosa domandava Nanda a Roberto?
5. Come viaggiano Nanda e Roberto?
6. Che cosa vedono sulle colline dall'autobus?
7. Che cosa incomincia a recitare Roberto?
8. È stata mai a Siena Nanda? Perchè?
9. Che cosa è il Palio?
10. Che cosa sono le contrade?
11. Come fanno la scelta dei cavalli?
12. Dove si ferma l'autobus a Siena?
13. Chi ha parlato a Roberto di San Gimignano?

14. Rallenta a un certo punto l'autobus? Perchè?
15. Come conosce Nanda il Duomo di Siena?

(b) *Domande personali.*
1. Lei ha mai passato le vacanze in una città balneare?
2. Lei preferisce viaggiare in autobus o in treno? Perchè?
3. Perchè, secondo Lei, il bove infonde un sentimento di vigore e di pace?
4. Lei sa qualche poesia a memoria? Quale (quali)?
5. Lei sa quanti versi ci sono in un sonetto? Se non lo sa, conti i versi nel sonetto di Dante che abbiamo letto.
6. Descriva il paesaggio che circonda la nostra città.
7. Le piacerebbe vedere il Palio? Spieghi.
8. C'è una ragazza (un ragazzo) a cui Lei vuole bene? La (lo) conosciamo noi?
9. Lei è andato (-a) mai a una corsa di cavalli? Si è divertito (-a)?
10. Sono sicuro (-a) che anche a Lei piace il *National Geographic*. Perchè?

(c) *Rileggete il testo e poi completate le frasi seguenti senza consultare il testo.*
1. Due giorni fa Roberto ha ricevuto una _____ .
2. Fregene è una piccola città _____ vicino a Roma
3. Nanda arriverà a Firenze il _____ del 23.
4. Numerose _____ separano Firenze da Siena.
5. I lavoratori caricano il _____ su carri rossi.
6. Nanda recita un _____ di Giosuè Carducci.
7. Il Palio risale al _____ .
8. Il _____ in costume dura circa due ore.
9. Roberto non ha mai _____ del Palio.
10. San Gimignano ha conservato l'aspetto di _____ .

(d) *Vero o falso. Secondo il senso della lettura le frasi seguenti sono vere o false. Se sono false fate le correzioni necessarie.*
1. Roberto è restato a Firenze alcuni giorni di

205

più perchè ha ricevuto un telegramma da Nanda.

2. Nanda andava a passare due o tre giorni in una pensione a Firenze.

3. Mentre l'autobus si arrampicava per le colline, si poteva vedere un bel paesaggio.

4. Siccome a Nanda piaceva cantare, durante il viaggio incominciò a cantare una canzone del Carducci.

5. Per la maggior parte, la via Cassia fra Firenze e Roma non è diritta.

6. Nanda ricordava Siena con nostalgia, specialmente perchè c'era un ragazzo a cui aveva voluto bene.

7. Siena ha diciassette contrade, e ogni anno tutte partecipano al Palio con un cavallo.

8. Molte contrade portano il nome di un animale.

9. Siena ha conservato l'aspetto medioevale, ma San Gimignano è più tipica del Rinascimento.

10. La parola campanile, che si usa anche in inglese, deriva da campana, perchè sul campanile ci sono le campane della chiesa.

25. In Viaggio per Roma

(a) *Domande sul testo.*

1. A che ora arrivò a Siena l'autobus di Nanda e Roberto?

2. Che cosa visitarono dopo colazione?

3. Che cosa decise l'autista? Perchè?

4. Come era intitolato il libro di Roberto?

5. Quando fu fondata Roma?

6. In che secolo furono costruite quasi tutte le fontane romane?

7. Che popolazione ha Roma?

8. Perchè l'aspetto di Roma cambia di anno in anno?

9. Che cosa rende Roma una città unica al mondo?

10. Che tempo faceva quando l'autobus arrivò a Roma?

(b) *Domande generali.*

1. Ci sono città medioevali in America?

2. Che cosa regaliamo a un amico che parte?

3. È vero che Roma ha un fascino speciale?
4. Qual è la capitale d'Italia?
5. Qual è la capitale del Suo stato?

(c) *Vero o falso. Secondo il senso della lettura le frasi seguenti sono vere o false. Se sono false fate le correzioni necessarie.*

1. Dopo colazione i due giovani si riposarono.
2. Il tempo non cambiò durante tutta la giornata.
3. L'autista voleva partire più tardi.
4. Roma è spesso chiamata la città eterna.
5. Castel Sant'Angelo è un monumento di Roma moderna.
6. Le Catacombe erano antiche chiese pagane.
7. Roma ha meno di un milione d'abitanti.
8. Roberto svegliò Nanda quando arrivarono a Roma.

(d) *Spunti per conversazione o per un breve componimento.*

Una gita in autobus.
La partenza.
I compagni di viaggio.
Il paesaggio e i luoghi d' interesse.
Le varie fermate durante la gita.
Acquisti fatti durante la gita.
L'arrivo a destinazione.

26. Una Lettera da Roma
(a) *Domande sul testo.*
1. A chi ha scritto Roberto?
2. Perchè non ha scritto prima?
3. Che farà Roberto domani sera?
4. Che cosa dice delle sue impressioni dell'Italia?
5. Da quanto tempo è in Italia Roberto?
6. A chi è sempre stato un paese caro l'Italia?
7. Che cosa spera Roberto?
8. Quando si metterà al lavoro?
9. Che cosa gli aveva detto il suo maestro di pittura?
10. Quali sono le somiglianze fra l'Italia e gli Stati Uniti?
11. È come il nostro orario l'orario dei negozi in Italia?

12. Che cosa fanno gl'impiegati e i negozianti fra mezzogiorno e le tre?
13. Che cosa significa «Paese che vai, usanza che trovi?»
14. Che cosa vuol dire che Roberto ci si trova bene in Italia?
15. Perchè Roberto esprime la sua riconoscenza al suo maestro?

(b) *Vero o falso. Secondo il senso della lettura le frasi seguenti sono vere o false. Se sono false fate le correzioni necessarie.*
1. Quando si viaggia c'è sempre molto tempo per scrivere.
2. Roberto ha già dipinto molti quadri perchè gli piace il paesaggio italiano.
3. Roberto già conosce bene l'Italia ed esprime chiaramente le sue impressioni.
4. Gli artisti sono spesso ispirati dalla bellezza delle città italiane, ma quasi mai dall'aspetto fisico dell'Italia.
5. Il maestro di Roberto era stato in Italia recentemente.
6. Gli operai italiani hanno un orario simile a quello degli operai americani.
7. Nelle città italiane i negozi chiudono fra le tre e le quattro del pomeriggio, ma sono aperti il resto della giornata.
8. Roberto spera di sistemarsi in un dormitorio per studenti.
9. Nel poscritto Roberto dice al suo maestro di telefonare appena avrà un momento di tempo.

(c) *Scrivete delle frasi accoppiando una parola della colonna a sinistra con una parola della colonna a destra.*

schizzi	ispirazione
professore	Bologna
macchina	lettera
bellezza	quadri
Italiani	differenze
somiglianze	cordiale
vedere l'ora	American Express
indirizzo	sistemarsi

(d) *Fate un riassunto della lettera di Roberto al suo professore.*

27. Alle Terme di Caracalla

   (a) *Domande sul testo.*

   1. Cosa dicono in Italia quando rispondono al telefono?
   2. Che faceva Roberto quando squillò il telefono?
   3. Che cosa è riuscita a trovare Nanda?
   4. Che cosa ha in programma per il pomeriggio Roberto?
   5 Che cosa vorrebbe consultare Roberto?
   6. Che cosa sono le Terme di Caracalla?
   7. Dove cenano Nanda e Roberto?
   8. Che impressione riceve Roberto delle Terme di Caracalla?
   9. Quando comincia lo spettacolo?
   10. Che opera vedranno i due giovani?
   11. Chi conduce i due giovani ai loro posti?
   12. Che opera avrebbe preferito vedere Roberto?
   13. Che cosa dice Roberto a Nanda?
   14. Quando spengono le luci?
   15. Ha mai visto uno spettacolo all'aperto Lei? Dove?

   (b) *Domande personali.*

   1. Le piace il calcio, o preferisce un altro sport?
   2. Quando legge gli annunci pubblicitari Lei?
   3. Cosa ne pensa dell'opera Lei?
   4. Ci sa dire il nome di alcune opere italiane?
   5. Lei preferisce l'opera o la musica sinfonica?
   6. Chi di voi ha sentito cantare l'aria «Caro nome»?
   7. Oggi ci sono i grandi bagni pubblici come al tempo degli antichi romani? Perchè no (sì)?
   8. Secondo Lei fa bene la doccia calda o la doccia fredda?
   9. Quando Lei va al teatro (o al cinema) Le piace sedersi vicino o lontano?

   (c) *Rileggete il testo e poi completate le frasi seguenti senza consultare il testo.*

   1. Roberto smette di leggere il giornale quando _____ .

   2. Roberto è poco contento quando Nanda gli dice che non ha trovato i biglietti per l'*Aida* perchè _____ .

209

3. Roberto potrebbe incontrare Nanda dove lei vuole perchè _____ .
4. Scende nell'atrio dell'albergo quando _____ .
5. Si avvicina all'impiegato perchè _____ .
6. L'autobus passa proprio davanti all'albergo e così _____ .
7. L'impiegato sorride perchè _____ .
8. Quando Nanda e Roberto arrivano al teatro lo spettacolo non è ancora incominciato perchè _____ .
9. Anche se non danno l'*Aïda* Roberto è contento perchè _____ .
10. La lettura di questa lezione finisce con un'aria del Rigoletto perchè _____ .

(d) *Spunti per conversazione o discussione.*
1. Il teatro usuale è il teatro all'aperto.
2. Se andate al teatro in tassì o in autobus.
3. Alcuni preferiscono le arie di un'opera, altri il recitativo.

28. Musica Italiana

L'opera dalle origini ai nostri giorni.

(a) *Domande sul testo.*
1. Che cos'è il *Rigoletto?*
2. Quante volte è stato rappresentato il *Rigoletto?*
3. Come le altre opere italiane, di cosa fa parte il *Rigoletto?*
4. Che cosa è un melodramma?
5. Che cosa voleva fare Vincenzo Galilei?
6. Quando e dove ebbe gran successo il melodramma?
7. Chi fu e cosa scrisse Claudio Monteverdi?
8. Che cosa vuol dire «opera buffa»?
9. Quali sono i nomi di alcune voci maschili?
10. Perchè *Il Prigioniero* di Dallapiccola si considera un'opera «nuova»?

(b) *Domande generali.*
1. Da che opera viene la musica del *Lone Ranger?*
2. Ha mai sentito la marcia dell'*Aïda?*

3. Qual è un teatro d'opera in America?
4. Lei canta come un tenore o un soprano?
5. Lei sa cosa è un conservatorio?

(c) *Vero o falso. Secondo il senso della lettura le frasi seguenti sono vere o false. Se sono false fate le correzioni necessarie.*
   1. *Il Rigoletto* fu rappresentato per la prima volta alla Scala di Napoli.
   2. L'opera è un melodramma cioè un dramma musicato.
   3. Vincenzo Galilei era il figlio di Galileo Galilei.
   4. La prima opera fu scritta da Monteverdi.
   5. L'*Aïda* è un'opera di Puccini.
   6. Oggi le opere sono rappresentate solamente in Italia.
   7. Il «baritono» è una voce femminile.
   8. *Il Prigioniero* è un'opera del secolo scorso.

(d) *Spunti per conversazione o per un breve componimento.*
   È sempre viva l'opera?
   Paesi in cui l'opera è presentata.
   Chi va all'opera?
   I teatri che danno opere negli Stati Uniti.
   Le opere più popolari.
   Opere contemporanee — chi le scrive?

29. Musica Italiana

   L'*Oratorio* e la musica strumentale.

(a) *Domande sul testo.*
   1. Quando nacque la musica sinfonica in Italia?
   2. Quali furono alcuni musicisti di quell'epoca?
   3. Che cosa indicano le parole «adagio», «allegro» ecc.
   4. Chi era Palestrina?
   5. Che cosa vuol dire «a cappella»?
   6. Che differenza c'è tra l'*opera* e l'*oratorio*?
   7. Perchè era importante la presenza dei virtuosi italiani all'estero nel Seicento?
   8. Che strumento suonava Paganini?
   9. Cosa scrisse Vivaldi?
   10. Cosa vuol dire «pianoforte»?

211

(b) *Domande personali.*
1. Che strumento suona Lei?
2. Preferisce Lei la musica classica o la musica popolare?
3. Ha mai sentito una sinfonia?
4. Sa Lei l'origine della parola pianoforte?
5. Che differenza c'è tra violino e violoncello?

(c) *Vero o falso. Secondo il senso della lettura le frasi seguenti sono vere o false. Se sono false fate le correzioni necessarie.*
1. La musica sinfonica nacque in Italia nel Cinquecento.
2. *Sonata* è un termine di origine inglese.
3. Vivaldi era un compositore di opere.
4. Allegro vuol dire tranquillo e lento.
5. Lo stile «a cappella» vuol dire musica per strumenti soli.
6. L'*Oratorio* è una composizione sacra.
7. Un oratorio è un'opera di soggetto profano.
8. Vivaldi è un musicista ormai dimenticato.

(d) *Spunti per conversazione o per un breve componimento.*
La musica americana nel mondo.
È popolare in tutto il mondo.
In Europa, nei paesi comunisti, nel Sud America. Nel resto del mondo?
Quale tipo di musica americana è più popolare? (Jazz, Swing, Rock, Disco)?
Imitazione della musica americana.
La musica americana di carattere classico, è conosciuta?

30. Una Lettera a Elio Martelli
(a) *Domande sul testo.*
1. Quando ha scritto la lettera a Elio, Roberto?
2. Descriva la camera di Roberto.
3. Ha già mandato l'indirizzo a Elio?
4. Sono i pini di Roma simili ai nostri pini?
5. Che cosa è la Sagra dell'Uva?
6. Dov'è Villa d'Este?
7. Quali affreschi entusiasmano in modo particolare Roberto?

8. Lei sapeva che a San Pietro ci fossero tanti altari?

9. Da che cosa è attirato Roberto? Perchè?

10. Che cosa dovrà fare prima o poi Roberto?

11. Che cosa significa «gironzolare»?

12. Abbiamo mercati all'aperto nella nostra città?

13. È una piccola banca la bancarella?

14. Ci sono soltanto i supermercati in Italia?

15. Che cosa chiede Roberto a Elio alla fine della lettera?

(b) *Domande personali.*

1. C'è un giardino a casa Sua? Ce lo saprebbe descrivere?

2. Lei ha sempre abitato nella stessa casa? Qual è il suo indirizzo?

3. Cosa si vede dalla finestra della Sua camera?

5. Ci dica in quali occasioni ha visto fuochi artificiali, signorina (signor) . . .

6. Lei ha mai sentito la musica di Respighi? (Chi di voi ha sentito la musica di Respighi?)

7. Lei ha mai visitato un museo? Quale? Che cosa c'era?

8. Lei ha mai visto una fotografia o un'illustrazione di Piazza San Pietro? Ce la sa descrivere?

9. Dove sono i giardini pubblici o i parchi nella nostra città?

10. Lei preferisce fare la spesa in un supermercato o nei piccoli negozi? Perchè?

(c) *Vero o falso. Secondo il senso della lettura le frasi seguenti sono vere o false. Se sono false fate le correzioni necessarie.*

1. Nel pomeriggio Roberto s'è svegliato e prima di cena ha mandato un telegramma a Elio.

2. Nanda è ancora a Roma e partirà fra qualche giorno.

3. Roberto ha trovato una bella camera che dà su Villa Borghese e forse la prenderà.

4. Roma è famosa per i suoi pini, ma è povera di fontane.

213

5. Le fontane di Roma ispirarono la bella musica di Rossini.
6. Roberto ha visitato molte belle chiese, ma quelle che preferisce sono le piccole chiese antiche.
7. Roberto non ha nessuna intenzione di visitare le catacombe.
8. Sebbene molto più grande, il mercato all'aperto di Piazza Vittorio è tipico di molti piccoli mercati rionali.
9. Oggi anche in Italia si trovano i supermercati all'americana.
10. Roberto spera che Elio non venga a Roma.

(d) *Scrivete un breve componimento su:*
«Perchè vorrei andare a Roma.»

31. Lettera di Elio a Roberto
   (a) *Domande sul testo.*
      1. Ha aspettato molto Elio a rispondere alla lettera di Roberto?
      2. Di che cosa ha avuto piacere Elio?
      3. Perchè si può camminare dovunque senza pericolo a Venezia?
      4. Perchè Venezia non si somiglia alle altre città?
      5. Nacque tutto ad un tratto Venezia?
      6. Perchè cercarono rifugio nelle paludi gli antichi abitanti delle pianure del Veneto?
      7. Come comunicano fra loro gli isolotti che formano Venezia?
      8. Se a Venezia non ci sono strade, come si va dalla stazione a uno degli alberghi?
      9. Perchè è preferibile andare in gondola?
      10. È vero che il Lido è una spiaggia molto conosciuta, ma qual è un'altra funzione importante del Lido?
      11. Perchè è caratteristica l'architettura di San Marco?
      12. Per che produzione sono note le isole di Murano e di Burano?
      13. Che cosa spera Elio?
      14. Chi sa perchè Elio si sente veneziano per vocazione?
      15. Che cosa dice di Nanda Roberto nella sua lettera?

(b) *Domande personali.*
   1. Le piacerebbe visitare Venezia? Perchè?
   2. Come la immagina Venezia, Lei?
   3. Lei sa se ci sono stati pittori veneziani di grande importanza?
   4. Signor (signorina) . . . , ci faccia una breve descrizione di Venezia.

(c) *Scrivete delle frasi accoppiando una parola della colonna a sinistra con una parola della colonna a destra.*

sorpresa	fondare
Venezia	maggiore
abitanti della pianura	gradita
Canal Grande	automezzi
albergo	autobus
merletti	Murano
vaporetto	Burano
oggetti di vetro	cuore della città
Piazza San Marco	gondola

(d) *Scrivete un breve componimento su:*
   «Dove mi piacerebbe passare l'estate in Italia.»

32. Una Gita a Ostia
   (a) *Domande sul testo.*
      1. Perchè molti italiani sono andati in montagna o al mare?
      2. È una festa moderna Ferragosto?
      3. È con la bambina dei Sutton, Roberto?
      4. A chi fanno venire l'acquolina in bocca i panini imbottiti?
      5. Perchè ha appetito John?
      6. Che differenza c'è fra una bottiglia e un bottiglione?
      7. Perchè Marina compra il latte e il pane giornalmente?
      8. Quanti gradi segnerà il termometro oggi? (in gradi centigradi).
      9. Il fenomeno del femminismo è esclusivamente americano?
      10. Che cosa facevano le donne molti anni fa?
      11. Negli Stati Uniti a che età hanno diritto al voto i giovani?
      12. Perchè per ora non ci sono molti divorzi in Italia?

215

13. Quando ritornano a Roma Roberto e i Sutton?
14. Perchè Roberto è felice di andare a Cinecittà?
15. Quando diciamo che un giovane è un Don Giovanni?

(b) *Domande personali.*
1. Lei quando e dove andrà in vacanza l'estate prossima?
2. Secondo Lei, quale festa americana corrisponde in un certo modo a Ferragosto?
3. A Lei quando Le viene l'acquolina in bocca?
4. A quanto corrispondono 28 gradi centigradi?
5. Cosa ne pensa Lei del sistema metrico?
6. Lei cosa ne pensa del femminismo?
7. Lei è in favore del divorzio? Perchè?
8. Lei, signor . . . , si considera un Don Giovanni?

(c) *Scegliete una risposta corretta.*
1. Le antiche celebrazioni di Ferragosto erano fatte in onore.
   a. del mese d'agosto
   b. dell'Imperatore Giulio Cesare
   c. del titolo di agosto che veniva dato all'imperatore
   d. delle vacanze estive
2. Marina aveva portato l'aranciata perchè
   a. era la bibita preferita della sua bambina
   b. sapeva che l'aranciata fa bene (*is good for you*) perchè contiene la vitamina C.
   c. suo marito gliel'aveva detto
   d. quando fa caldo l'aranciata piace a tutti
3. John va a prendere la bambina perchè
   a. non vuole che prenda troppo sole
   b. sta mangiando troppo cocomero
   c. è mezzogiorno e anche lei deve mangiare qualche cosa
   d. la bambina deve dare del Lei a Roberto
4. John chiama Roberto «Don Giovanni» perchè
   a. gli piace quell'opera di Mozart

      b. Roberto aveva l'aspetto di un «caballero» spagnolo

      c. a Roberto piaceva fare lo spiritoso con le donne

      d. a John piaceva il nome Giovanni perchè corrispondeva al suo

(d) *Scrivete un breve componimento su:*
«I vantaggi (*advantages*) e gli svantaggi (*disadvantages*) del divorzio.

33. Il Cinema Italiano

(a) *Domande sul testo.*
1. A quando risale la storia del film italiano?
2. Che cosa fu *Cabiria?*
3. Eleonora Duse era soltanto una diva del cinema?
4. Che cosa successe (*happened*) al cinema italiano dopo la prima guerra mondiale?
5. Perchè consideriamo importante il Centro Sperimentale di Cinematografia?
6. Cosa vuol dire *Roma città aperta?*
7. Che influsso ha avuto il neorealismo?
8. Perchè sono importanti gli anni cinquanta?
9. Cosa si intende per *la dolce vita?*
10. Chi è Bernardo Bertolucci?

(b) *Domande personali.*
1. Va spesso al cinema Lei?
2. Preferisce film americani o stranieri?
3. Ha mai visto un film di Fellini?
4. È la Sua vita una dolce vita?
5. Arrivano film italiani in America oggi?

(c) *Vero o falso. Secondo il senso della lettura le seguenti frasi sono vere o false. Se sono false fate le correzioni necessarie.*
1. Un cortometraggio è un film comico.
2. Una diva è una famosissima attrice.
3. Il cinema italiano ebbe una rinascita dopo la prima guerra mondiale.
4. Il Centro Sperimentale di Cinematografia è a Milano.
5. *Roma città aperta* fu diretta da Antonioni.
6. Fellini è un regista conosciuto soltanto in Italia.

217

7. I film degli anni cinquanta sono di solito allegri.
8. In Italia non ci sono donne registe.

(d) *Spunti per conversazione o per un breve componimento.*
Cinema e televisione.
Il cinema sembra sopravvivere.
Differenza tra gli spettacoli cinematografici e televisivi.
I limiti del cinema.
Popolarità del cinema e della televisione.

34. Vita in Città
(a) *Domande sul testo.*
1. Cosa aveva notato varie volte Roberto?
2. Perchè il centro delle città americane è deserto la domenica?
3. Perchè in Italia succede il contrario?
4. Che cosa fanno gli Italiani quando vanno al centro?
5. Come considerano molti Italiani il centro della loro città?
6. È importante il «caffè» nella vita italiana? Perchè?
7. A che cosa somiglia la Piazza San Marco di Venezia?
8. Quando mettono i tavolini dei caffè all'aperto in Italia?
9. In alcuni caffè cosa c'è per attirare la clientela?
10. Sono tipici di Venezia questi passatempi domenicali?

(b) *Domande generali.*
1. Passeggiano gli Americani?
2. Quando va al centro?
3. Chi abita al centro delle città americane?
4. C'è un equivalente del caffè italiano negli Stati Uniti?
5. Cos'è un caffè all'aperto?

(c) *Vero o falso. Secondo il senso della lettura le seguenti frasi sono vere o false. Se sono false fate le correzioni necessarie.*
1. Il centro delle città americane è gremito la domenica.

2. Agli Italiani non piace vivere al centro.
3. Per gl'Italiani vivere al centro è un lusso.
4. Gl'Italiani passeggiano molto raramente.
5. Per gli Americani il centro è un ritrovo pubblico.
6. I caffè hanno poca importanza nella vita degl'Italiani.
7. Piazza San Marco è di rado (*rarely*) gremita.
8. Le orchestrine dei caffè suonano musica sinfonica.

(d) *Spunti per conversazione o per un breve componimento.*

La città ideale.

Quale città del mondo sembra ideale?

Il centro e la periferia.

Quando è una città troppo piccola o troppo grande?

Il problema delle città americane.

La città e l'automobile.

35. Lettera di Elio a Roberto

(a) *Domande sul testo.*

1. Quando fu scritta la lettera di Roberto?
2. Cosa aveva chiesto Roberto a Elio?
3. Perchè la situazione politica in Italia è confusa?
4. Cos'è la democrazia cristiana?
5. Cosa devono fare i democristiani per restare al governo?
6. Qual è la seconda forza politica in Italia?
7. Cos'è il *compromesso storico*?
8. Cosa sono le *brigate rosse*?
9. Chi è responsabile per il terrorismo in Italia?
10. Cosa spera la maggioranza degli Italiani?

(b) *Domande personali.*

1. Le interessa la politica?
2. Parla spesso di politica? Con chi?
3. Quanti partiti politici ci sono negli Stati Uniti?
4. Crede Lei che i comunisti italiani possono essere indipendenti dalla Russia?
5. Che influenza hanno i comunisti in Italia?

(c) *Vero o falso. Secondo il senso della lettura le seguenti frasi sono vere o false. Se sono false fate le correzioni necessarie.*

1. Roberto aveva scritto a Elio due mesi prima.
2. Elio scriveva ad un amico di Chicago a proposito del turismo.
3. È semplice scrivere un articolo sulla politica in Italia.
4. La democrazia cristiana ha la maggioranza assoluta in Italia.
5. Il partito repubblicano è un partito di minoranza.
6. I comunisti non hanno mai vinto nelle elezioni locali.
7. L'orientamento originale del comunismo era antirivoluzionario.
8. In Italia le riforme sociali non sono importanti.

(d) *Spunti per conversazione o per un breve componimento.*

L'estremismo politico.
Chi sono di solito gli estremisti?
In che paesi si riscontra l'estremismo?
I risultati dell'estremismo.
L'estremismo politico e la democrazia.
Come evitare l'estremismo politico.

36. Industria, Artigianato, Società
    (a) *Domande sul testo.*

1. Cosa è diventata l'Italia?
2. Cosa è un «summit»?
3. Cosa non sarebbe avvenuto trent'anni fa?
4. Qual è la principale occupazione degli italiani oggi?
5. Perchè i contadini vanno nei centri industriali?
6. Cos'è un sindacato?
7. Quali sono le due forze politiche più importanti in Italia?
8. Ha sentito l'artigianato gli effetti della industrializzazione?
9. Per cosa è conosciuta Carrara?
10. È migliorato il tenore di vita in Italia? Come?

(b) *Domande personali.*
1. Cosa ne pensa della situazione politica in Italia?
2. Lei ha mai sentito parlare delle brigate rosse?
3. Lei si fa fare i vestiti su misura?
4. Cosa sperano gl'Italiani?
5. Lei può dirci uno dei problemi dell'Italia?

(c) *Vero o falso. Secondo il senso della lettura le seguenti frasi sono vere o false. Se sono false fate le correzioni necessarie.*
1. I sindacati hanno poca importanza in Italia.
2. L'artigianato italiano è quasi scomparso.
3. Agli Italiani non piacciono i vestiti su misura.
4. Le ceramiche italiane sono di origine recente.
5. Murano è un centro dell'industria del vetro.
6. Il divorzio non è riconosciuto in Italia.
7. In Italia ci sono pochi partiti politici.
8. Le vetrine dei negozi italiani sono quasi sempre vuote.

(d) *Spunti per conversazione o per un breve componimento.*
L'artigianato
I prodotti dell'artigianato.
L'artigianato come espressione individuale.
La tradizione da padre in figlio.
L'artigianato e l'industria.
Deve essere protetto l'artigianato?

37. Alcuni Grandi Scienziati Italiani
(a) *Domande sul testo.*
1. Quale scuola di medicina era famosa nel medioevo?
2. In che anno fu fondata la prima università europea? Dove?
3. Chi era Leonardo da Vinci?
4. Quale tesi difese Galileo?
5. Chi inventò il barometro?
6. Chi si servì per la prima volta del microscopio negli studi anatomici?
7. Chi era Enrico Fermi?

8. Dove ebbe luogo la prima reazione atomica a catena?
9. Perchè Guglielmo Marconi ricevè il premio Nobel?
10. Perchè il nome di Amerigo Vespucci è legato al nostro paese?

(d) *Domande generali.*
1. Quali erano due università italiane del medioevo?
2. Trovate Salerno su una carta geografica.
3. Perchè Leonardo si chiamava «da Vinci»?
4. Cosa vuol dire «provando e riprovando»?
5. Chi era Alessandro Volta?

(c) *Vero o falso. Secondo il senso della lettura le seguenti frasi sono vere o false. Se sono false fate le correzioni necessarie.*
1. La prima università europea fu fondata a Salerno.
2. Nel Rinascimento l'uomo si rivolse (*turned*) allo studio attento e controllato della natura.
3. Leonardo da Vinci era solo uno scienziato.
4. Galileo non credeva nella tesi copernicana.
5. Torricelli fu un allievo di Leonardo.
6. Amerigo Vespucci era un famoso artista.
7. Enrico Fermi vinse il premio Nobel per il suo lavoro sulla telegrafia senza fili.
8. Alessandro Volta era professore di anatomia.

(d) *Spunti per conversazione o per un breve componimento.*
L'energia atomica - un bene o un male?
I vantaggi.
Gli svantaggi.
L'energia atomica e la crisi dell'energia.
L'energia atomica e il suo uso in guerra.
La responsabilità dei governi.

38. Napoli e Dintorni
(a) *Domande sul testo.*
1. Perchè la Villa dei Misteri è importante dal punto di vista artistico?
2. Roberto visita Pompei da solo?

3. Che cosa sembra incredibile secondo uno dei turisti?
4. Che cosa non riesce a riconoscere Roberto?
5. Come si accorge quel signore che Roberto non è italiano?
6. Che cosa dà quel signore a Roberto?
7. Che cosa non sapeva Roberto dell'accento del signor Velieri?
8. Questa era la prima visita a Pompei per il signor Velieri?
9. Che cos'è la Festa di Piedigrotta?
10. Che cosa è il San Carlo?
11. Che cosa intende di fare Roberto prima di ritornare a Napoli?
12. Che cosa fanno Roberto e il signor Velieri durante il viaggio di ritorno?
13. Che cosa offre di fare il signor Velieri dopo che sono scesi a Piazza del Plebiscito?
14. Perchè Roberto non accetta?
15. Dove andrà a cena Roberto con il suo amico americano?

(b) *Scrivete delle frasi accoppiando una parola della colonna a sinistra con una parola della colonna a destra.*

Pompei	scarpe
Villa dei Misteri	Vesuvio
Signor Velieri	canzonetta popolare
italiano	Dionisio
Piedigrotta	cinquant'anni
turisti	Partenope
ristorante	Piazza del Plebiscito

(c) *Quali espressioni nel testo corrispondono a queste descrizioni?*
1. È un edificio con dei bellissimi affreschi pompeiani.
2. La troviamo in tutti i grandi musei e anche a Pompei per spiegare i punti interessanti ai turisti.
3. Oggi sembra inerme ma molti anni fa era molto attivo e pericoloso.
4. Parla con un accento curioso e ha notato che Roberto non è vestito come un italiano.
5. Molte vecchie canzoni popolari italiane

223

sono state cantate per la prima volta in
quest'occasione.

6. Ce n'è una anche a Milano.
7. È una piccola isola famosa vicino a Napoli.
8. È la ragione per cui Roberto non può accettare l'invito (*invitation*) del Signor Velieri.

(d) *Rispondete a questa domanda:*
«Fu esclusivamente una tragedia l'eruzione del
Vesuvio?» (Pensate a quante cose possiamo
vedere oggi a Pompei e a Ercolano.)

39. Feste Italiane
   (a) *Domande sul testo.*
   1. Che parola usano gl'Italiani per «folklore»?
   2. Che specie di feste ci sono in Italia?
   3. Dove ha luogo la festa del Redentore?
   4. Che cosa è la festa di Piedigrotta?
   5. Come è decisa la popolarità delle canzoni
   alla festa di Piedigrotta?
   6. Dov'è Gubbio?
   7. Chi sono i «ceraioli»?
   8. Quando ha luogo lo Scoppio del Carro?
   9. Che evento storico celebra lo Scoppio del
   Carro?
   10. Che cosa è un presepio?

   (b) *Domande generali.*
   1. Qual è la festa più importante negli Stati
   Uniti?
   2. Conosce qualche canzone popolare italiana?
   3. Cos'era una «crociata»?
   4. Ha mai visto un presepio?
   5. Si ricorda dove ha luogo il gioco del calcio?

   (c) *Vero o falso. Secondo il senso della lettura le seguenti
   frasi sono vere o false. Se sono false fate le correzioni
   necessarie.*
   1. Molte tradizioni italiane sono scomparse.
   2. In Italia ci sono pochissime feste religiose.
   3. Piedigrotta è un museo di Napoli.
   4. Le canzoni di Piedigrotta sono subito dimenticate.
   5. I ceri sono portati su carri speciali.
   6. Lo Scoppio del Carro risale a origini romane.

7. Il «presepio» è una rappresentazione della crocefissione.

8. Il Palio di Siena è in costume medioevale.

(d) *Spunti per conversazione o per un breve componimento.*

Una bella festa americana: The Rose Parade (La sfilata delle rose).

Dove ha luogo e quando?

Da chi è organizzata?

Da chi è scelta la *reginetta* della sfilata?

Sotto gli auspici di quale scuola è la sfilata?

Quale famosa partita si giuoca il giorno della sfilata?

40. Viaggio Notturno a Palermo

(a) *Domande sul testo.*

1. Che cosa ha visitato Roberto a Napoli e nei dintorni?

2. Che fortuna ha avuto Roberto?

3. Perchè Roberto è a bordo del *Campania Felix?*

4. Come ha trovato la sua cabina?

5. Chi è Giorgio Mancini?

6. È stato altre volte in Sicilia Giorgio Mancini?

7. Perchè va in Sicilia Giorgio Mancini?

8. Perchè Roberto ha pensato di fare il giro della Sicilia ora?

9. Visiterà solamente Palermo Roberto?

10. Che cosa dice Giorgio che faranno insieme domani?

11. Perchè i due giovani salgono sul ponte?

12. Perchè c'è un grande movimento di passeggeri?

13. Che cosa annuncia il fischio prolungato?

14. Che cosa vedono mentre il piroscafo si allontana?

15. Che cosa dice Giorgio che Roberto dovrebbe fare prima di ritornare in America?

(b) *Vero o falso. Secondo il senso della lettura le frasi seguenti sono vere o false. Se sono false fate le correzioni necessarie.*

1. Roberto è arrivato a Napoli il due settembre.

2. Parte per la Sicilia perchè ormai ha visto tutto a Napoli.
3. Poichè ha fretta andrà a Palermo in aereo.
4. Giorgio Mancini è stato in Sicilia due volte.
5. Roberto dice a Giorgio che visiterà soltanto Palermo e Trapani.
6. Giorgio offre di far fare un giro per Palermo a Roberto sulla sua motocicletta.
7. Quando il piroscafo parte piove forte e non si vede niente.
8. «Torna a Sorrento» è un'aria di un'opera di Paisiello.
9. Roberto non sa dov'è Urbino, infatti crede che sia vicino a Firenze e che ci sia nato Michelangelo.
10. La Calabria è vicino alla Sicilia e quindi fa parte dell'Italia centrale.

(c) *Esprimete la vostra opinione.*
1. Quanti giorni vorrebbe passare a Napoli Lei per visitare la città e i dintorni?
2. Perchè molte persone preferiranno andare da Napoli a Palermo in piroscafo invece di andare in aereo?
3. La Sicilia ha un clima che rammenta quello della California del Sud. In che mese preferirebbe andarci Lei?
4. Perchè è meglio leggere un libro sulla Sicilia, o una guida, prima di andare a visitarla?

(d) *Scrivete un breve riassunto di:*
«Viaggio notturno a Palermo.»

41. In Sicilia
(a) *Domande sul testo.*
1. Che cosa separa la Sicilia dalla penisola italiana?
2. Perchè sono facili le comunicazioni fra la Sicilia e la penisola?
3. Come è il clima della Sicilia?
4. Perchè sono fiorite diverse civiltà in Sicilia?
5. Quali sono stati i centri principali nella storia della Sicilia?
6. Chi erano i «Mille»?
7. Su che cosa ha giurisdizione il parlamento siciliano?

8. Che cos'è la Conca d'oro?
9. Perchè dovrebbero aver fretta i due giovani?
10. Perchè rimane sorpreso Roberto?
11. Perchè a un certo momento a Palermo c'erano numerose moschee?
12. Perchè il Monte Pellegrino fa pensare a un elicottero?
13. Dove si possono vedere mosaici squisiti a Palermo?
14. Perchè Roberto incomincia a cantare?
15. Che cosa è la Lapa e che cosa ha rimpiazzato?

(b) *Rileggete il testo e poi completate le frasi seguenti senza consultare il testo.*
1. La Sicilia è la _____ delle isole italiane.
2. La storia della Sicilia è _____ a quella dell'Italia.
3. La Sicilia è situata quasi _____ del Mediterraneo.
4. In Sicilia sono fiorite molte civiltà perchè _____ è mite e anche a causa della _____ del suo terreno.
5. Marsala, Agrigento e Messina _____ della Sicilia.
6. Il Monte Pellegrino è _____ del golfo di _____ .
7. Poichè i due giovani non hanno fretta _____ .
8. Non solo i Romani, ma anche _____ dominarono Palermo.
9. Roberto non _____ che a Palermo _____ tanti giardini.
10. Scendono in città quando _____ .

(c) *Quali espressioni nel testo corrispondono a queste descrizioni?*
1. È molto diversa dalle altre città italiane perchè la sua architettura spesso rammenta le città del Vicino Oriente.
2. Descrive non solo la forma della zona in cui è situata Palermo, ma ci dà un'idea della fertilità di essa.
3. Ha preso il posto dei tipici carretti siciliani.
4. Domina il golfo di Palermo e offre una veduta generale della città.

5. È una specie di piccola chiesa in cui si trovano dei bellissimi mosaici.

6. È molto conosciuta non solo per la storia di Garibaldi, ma perchè ci fanno un vino squisito.

7. È stata distrutta molte volte dal vulcano che è vicino.

8. Ci sono molte belle colonnette con mosaici.

(d) *Scrivete una lettera a un amico dicendogli perchè vi piacerebbe fare un viaggio in Sicilia.*

42. Lettera dal Treno

(a) *Domande sul testo.*

1. Da dove e a chi scrive Roberto?
2. Come ha traversato lo stretto di Messina Roberto?
3. Quanto dura la traversata dello stretto?
4. Come è andato Roberto da Napoli a Palermo?
5. Come girò per Palermo Roberto?
6. Perchè la Sicilia è stata una rivelazione per Roberto?
7. Che cosa consiglia Roberto di fare a Nanda?
8. Quale città ha specialmente affascinato Roberto?
9. È un fenomeno tipico della Sicilia l'esodo dei giovani?
10. Perchè oggi molti preferiscono restare dove sono nati?
11. Ha avuto tempo di riposare Roberto? Che cosa ha fatto?
12. Dove vede molti ponti e molte gallerie Roberto?
13. Che cos'è il Teatro dei «Pupi»?
14. Perchè smette di scrivere Roberto?
15. Ci sono spettacoli di marionette nella nostra città o in televisione?

(b) *Vero o falso. Secondo il senso della lettura le frasi seguenti sono vere o false. Se sono false fate le correzioni necessarie.*

1. Poichè ha ricevuto una lunga lettera di Nanda, Roberto ha deciso di risponderle.
2. Il traghetto era gremito di persone, ma erano quasi tutti di quei dintorni.

3. Roberto si è divertito molto girando in motocicletta.
4. ·Peccato che non ci fossero aliscafi perchè Roberto avrebbe preferito attraversare lo stretto in pochi minuti.
5. Roberto spiega a Nanda che l'Italia meridionale è poco interessante, e che quindi è inutile che lei faccia un viaggio così lungo.
6. Le città della Sicilia sono povere e non sono cambiate per molti secoli.
7. Le città moderne offrono ogni specie di divertimento e così molti giovani lasciano i paesetti e le campagne.
8. I programmi finanziati dalla Cassa del Mezzogiorno non hanno punto migliorato le condizioni del Sud.
9. Roberto voleva andare a nuotare, ma faceva così freddo che andò a vedere il Teatro dei Pupi.
10. Le vicende eroiche dei Paladini di Francia erano anche dipinte nei carretti siciliani.

(c) *Esprimete la vostra opinione.*
   L'ecologia è un problema mondiale. Credete che varrebbe la pena fare le cose seguenti? Perchè?
   1. guidare un'automobile piccola invece di una grande?
   2. smettere di fumare le sigarette?
   3. smettere l'uso degl'insetticidi?
   4. costruire strade speciali per le biciclette?
   5. smettere la costruzione delle autostrade?
   6. andare a scuola o al lavoro a piedi, o in bicicletta, o in tram?
   7. lavarsi con l'acqua fredda?
   8. limitare l'uso della benzina?

(d) *Scrivete un componimento su:*
   «Che cosa ho imparato leggendo *Panorama Italiano.*»

43. L'Italia e l'America
   (a) *Domande sul testo.*
      1. Dove nacque Cristoforo Colombo?
      2. Perchè l'America si chiama *Amęrica* e non *Amerįca?*

229

3. Come era considerata l'Italia nel nuovo mondo?
4. Dov'è Monticello e come si pronuncia il nome?
5. Quando ebbe inizio l'emigrazione italiana negli Stati Uniti?
6. Cos'è avvenuto alle *Piccole Italie* delle città americane?
7. Quanti turisti americani visitano l'Italia ogni anno?
8. Cosa vuol dire oggi *Made in Italy?*
9. Chi era Amedeo P. Giannini?
10. Esiste una presenza italiana nella vita americana oggi?

(b) *Domande generali.*
1. Perchè i legami tra l'Italia e l'America risalgono alle origini del nuovo mondo?
2. Perchè l'Italia non ebbe una politica di colonizzazione nel nuovo mondo?
3. Quanti Americani di origine italiana ci sono negli Stati Uniti?
4. Quali prodotti italiani si trovano negli Stati Uniti?
5. Perchè tanti turisti americani vanno in Italia?

(c) *Vero o falso. Secondo il senso della lettura le seguenti frasi sono vere o false. Se sono false fate le correzioni necessarie.*
1. Thomas Jefferson non conosceva affatto la cultura italiana.
2. Negli Stati Uniti ci sono pochissimi cittadini di origine italiana.
3. Gli emigranti italiani hanno una storia molto diversa da quella di altri emigranti.
4. Oggi c'è una *Piccola Italia* in ogni città americana.
5. Gli scambi tra l'Italia e gli Stati Uniti sono quasi cessati.
6. Pochi turisti americani visitano l'Italia.
7. La presenza italiana in America è stata di carattere superficiale.
8. Enrico Fermi era un famoso scienziato.

(d) *Spunti per conversazione o per un breve componi-
mento.*
L'emigrazione
  L'emigrazione esiste dai tempi più remoti.
  Le ragioni per l'emigrazione.
  Gli Stati Uniti, un paese di emigranti.
  Le emigrazioni interne.
  Le emigrazioni nel mondo di oggi.

VOCABULARY

FOREWORD

1. A preposition in parentheses after a verb indicates that the verb requires that preposition before an infinitive.
2. Italian words are generally stressed on the next-to-the-last syllable (**amico**). No marking is used to show the stressed syllable in this type of words.
3. An inferior dot indicates stress in words other than those mentioned in paragraph 2 (**ạrido, rispọndere**).
4. A final vowel that bears a written accent is always stressed (**università**).
5. Open **e**'s and **o**'s are always stressed. These are indicated by an inferior hook (**mẹdico, automọbile**).
6. Voiced **s**'s and **z**'s are italicized (**fra*s*e, *z*ero, a*zz*urro**).
7. No special list of "idioms" is provided: idioms will be found under the key word. Words and idioms appearing only once are not listed if they are glossed.

Abbreviations

adj.	adjective	*m.*	masculine
adv.	adverb	*m.pl.*	masculine plural
cond.	conditional	*n.*	noun
ecc.	et cetera	*past abs.*	past absolute
f.	feminine	*past part.*	past participle
f.pl.	feminine plural	*pl.*	plural
fut.	future	*pres.*	present
imp.	imperfect	*pron.*	pronoun
ind.	indicative	*sing.*	singular
lit.	literally	*subj.*	subjunctive

A

a, ad at, to , in, on, for, until, with, from

abbacchio lamb *(butchered)*

abbandonare to abandon

abbandono abandonment

abbastanza enough, rather

abbellire to beautify, to make beautiful

abbia *(pres. subj. of* **avere***)* has

abbiamo *(pres. ind. of* **avere***)* we have

abbiente rich, well-off; **le classi meno abbienti** the most indigent people

abolizione *f.* abolition

abbondantemente abundantly

abbondanza abundance

abbracciare to embrace

abbraccio hug

abilità ability, skill

abitante *m.* inhabitant

abitare to live, to dwell

abito suit of clothes

abituarsi to become accustomed

abitudine *f.* habit

aborto abortion

Abruzzi *m.pl. a region in central Italy*

accademia academy; **accademia di belle arti** academy of fine arts

accademico *adj.* academic, school

accanto next

accappatoio beach robe

accedere to enter, to go

accelerato fast

accennare to mention

accento accent, intonation

accettare to accept

accomodarsi to make oneself comfortable, to sit down

accompagnare to accompany

accoppiare to match

accordo agreement; **essere d'accordo** to agree; **siamo d'accordo** it is understood

accorgersi (di) to notice, to be aware, to realize

accorto *(past part. of* **accorgere***)*: **me ne sono accorto** I noticed

accuratamente carefully

acqua water

acquedotto aqueduct

acquistare to acquire, to purchase

adagio slowly, adagio

addio good-bye

addobbato decorated

addormentarsi to fall asleep

aderire to adhere, belong

adesso now

Adige *m. a large river in northern Italy*

adottare to adopt

Adriatico Adriatic *(sea)*

adulto adult

aereo airplane; **in aereo** by airplane

aeroplano airplane; **in aeroplano** on the airplane

aeroporto airport

affare *m.* business *(one transaction)*; **gli affari** business *(in general)*; **uomini d'affari** businessmen

affascinante fascinating

affascinare to fascinate

affatto at all

affermarsi to affirm oneself, to assert oneself

affetto affection; *(past part.)* affected

affettuoso fond, best

affidare to entrust

affollato (di) crowded (with)

affresco fresco painting

affrettarsi to hasten

affrettato hasty

afoso sultry

aggiornato up to date

aggiungere to add

agio leisure

agli = a + gli

Agnese Agnes

agosto August

agricolo agricultural

agricoltura agriculture

Agrigento *f. a city in Sicily*

ai = a + i

Aïda Aida *(one of Verdi's best-known operas)*

aiutare to help

aiuto help, aid

al = a + il

albergo hotel
albero tree; **albero da frutta** fruit tree
alcolico alcoholic
alcuno some, any
Alessandro Alexander
Alfa Romeo, f. an Italian automobile
Alfieri, Vittorio (1749-1803) Italian
  playwright
aliante m. glider
alienato alienated
aliscafo hydrofoil boat
Alitalia an Italian air line
all' = **a** + **l'**
alla = **a** + **la**
allacciare to fasten, to buckle, to tie
allarmante alarming
alle = **a** + **le**
allearsi (a) to ally oneself (with)
allegro cheerful, gay; allegro
alleviare to lighten
allievo pupil
allo = **a** + **lo**
allontanarsi to go (far) away
allora then, well then, in that case
almeno at least
Alpi f.pl. Alps; **Alpi Apuane** Apuan
  Alps (a chain of mountains located at
  northern tip of Tuscany)
alquanto somewhat
altare m. altar
alterare to alter, to change
altipiano plateau
alto tall, high
altrettanto equally
altrimenti otherwise
altro other, another; **senz'altro** of
  course, that's true; **più che altro**
  more than anything else; **altro?**
  anything else?; **fra altro** among
  other things
altrove elsewhere
altrui others, other people, someone
alzare to rise, to raise; **alzarsi** to get
  up, to rise
Amalfi f. a city near Naples
amalfitano of Amalfi, Amalfitan
amante m. lover
amare to love

ambasciatore m. ambassador
ambedue both
ambizione f. ambition
Ambrogio Ambrose
americano American
amico friend
amministrativamente administratively
amministrativo administrative
ammirare to admire
ammiratore m. admirer
ammirazione f. admiration
ammissione f. admission
amore m. love; **è un amore** is a doll, is
  lovely
Anacapri f. town in upper Capri
analcolico analcoholic
anatomico anatomical
anche also, too, even
Ancona a city on Adriatic coast
ancora still, yet, also, even; **ancora
  una volta** once again
andare to go; **andiamo?** shall we go?;
  com'è andata? how did it go?; **come
  va che?** how did it happen that?
andrà (fut. of **andare**) will go
andrò (fut. of **andare**) I shall go
anello ring
angelo angel
Angioino Angevin (from the French
  royal family of the Anjou)
angolo corner
anima soul
animato animated, gay
annesso (past part. of **annettere**)
  annexed
anno year; **avere . . . anni** to
  be . . . years old; **di anno in anno**
  from one year to the next;
  avrà . . . anni is probably . . . years
  old
annoiarsi to be (to get) bored
annoiato bored
annotato with notes
annuale annual
annunciare to announce
annunciatore m. announcer
annuncio announcement; **annunci
  pubblicitari** want ads

antagonismo antagonism
antichità antiquity
anticipare to anticipate
antico ancient, old
antirivoluzionario antirevolutionary
Antonio Anthony
anzi on the contrary, as a matter of fact
aperto (*past part. of* **aprire**) open,
  opened; **all'aperto** in the open air
apparecchio set
apparente apparent
apparire to appear
apparso *past part. of* **apparire**
appartamento apartment
appartenere to belong
appartengono (*pres. ind. of*
  appartenere) belong
apparve *past abs. of* **apparire**
appassionato (a) fond (of)
appena hardly, just, as soon as
Appennini *m. pl.* Apennines
appetito appetite; **avere appetito** to be
  hungry
Appia: Via Appia Appian Way, *an old
  Roman road;* **Via Appia Nuova** *a
  modern street named after the old one*
applauso (*usually used in the plural*)
  applause
applicare to apply
appoggiarsi (a) to lean (against)
appoggio support
apportare to bring, to contribute, to
  bring about
apposta on purpose
apprezzare to appreciate, to esteem
approfittare to profit, to take
  advantage
appuntamento appointment
appunto exactly, in fact
aprile *m.* April
aprire to open, to turn on
arabo Arab, Arabic
aranciata orangeade
arancio orange, orange tree
archeologia archeology
architetto architect
architettonico architectural
architettura architecture

arco arch
ardire (di) to dare
Arena di Verona *ancient Roman
  amphitheater in Verona*
Arezzo *f. a city east of Florence*
argento silver
aria air, aria *(operatic)*
Arianna Ariadne
aridità aridity
arido arid
arioso airy
Arlecchino Harlequin
armadio clothes closet; **armadio a
  muro** wall closet
armato armored
armatura armor
armonia harmony
Arno *a river in central Italy*
arrampicarsi to climb
arrivare to arrive
arrivederci good-bye
arrivederLa good-bye
arrivo arrival, coming
Ars Nova *music of the 14th century*
arte *f.* art
articolo article
artigianato handicraft
artista *m. and f.* artist
artisticamente artistically
artistico artistic
Ascensione *f.* Ascension
ascensore *m.* elevator
asciutto dry
Asia Asia
Asinelli (Torre degli) *a leaning tower in
  Bologna*
aspettare to wait, to wait for
aspetto appearance, shape; **ne ha
  l'aspetto** looks like one
assaggiare to taste
assai very
assegno check; **assegno per viaggiatori**
  traveler's check
assenza absence
assertore *m.* champion
assicurare to assure
Assisi *f. a city in central Italy; birthplace
  of Saint Francis*

assistere to assist, to witness
assolutamente absolutely
assoluto absolute
assumere to assume
Assunzione *f.* Assumption *(of the Virgin Mary into Heaven)*
astronomia astronomy
Atlantico Atlantic *(ocean)*
atletica athletics; **atletica leggera** track sports
atomico atomic
atrio lobby
attaccamento attachment
attaccare to attach, to hitch
attento attentive, careful
attenuare to attenuate, to minimize
attenzione *f.* attention; **fare attenzione** to pay attention
atterrare to land
attigua adjoining
attirare to attract
attivismo activism
attività activity
attivo active
atto *(poetic)* posture, act
attore *m.* actor
attorno around; **si guarda attorno** looks around
attrattiva attraction
attraversare to cross
attraverso through
attribuire to attribute
attrice *f.* actress
attuale present-day
auguri *m.pl.* best wishes
aumentare to increase
aumento increase; **è in continuo aumento** grows continuously
aurora dawn
austero austere, sombre
austriaco Austrian
Austro-Ungarico Austrian-Hungarian
autista *m. and f.* driver
autobus *m.* bus
autocratico autocratic
autodromo automobile racing track
automezzo motor vehicle

automobile *f.* automobile; **automobile da corsa** racing car
automobilistico of the automobile; **servizio automobilistico** bus service
autonomia autonomy
autopullman *m.* *(inter-city)* bus
autore *m.* author
autorevole authoritative
autorità authority
autostrada highway
autotreno truck-trailer
autunnale of the fall
autunno autumn, fall
avanti before, ahead; **avanti e indietro** back and forth; **avanti!** come in! go in!
avere to have
Avignone *f.* Avignon, *a city in Southern France*
avrà *(fut. of* **avere**) will have
avrebbe *(cond. of* **avere**) would have
avrei *(cond. of* **avere**) I would have
avvenire *m.* future, to happen
avvento advent
avventura adventure
avvertire to warn
avviarsi to start out
avvicinarsi to approach, go to
avviso notice
azzurro blue
aviogetto jet

B

Bach, J. S. (1685-1750) *German composer*
bagaglio baggage
bagno bath, bathroom
baia bay, inlet
ballata *a musical and poetic form*
balletto ballet
ballo dancing
balneare on the sea, sea resort
bambina little girl
bambino child, little boy
bancarella cart, pushcart
banco counter, desk
banda band

236

bandiera flag
bar *m.* coffeehouse
barbarico barbarian
barbiere barber
barca boat
Bardi, Conte Giovanni (1534-1612)
  Florentine patron of music
Bari *f. a seaport in Apulia*
barocco baroque
barometro barometer
basato based
base *f.* base
Basilicata *a region in southern Italy*
basso *adj.* low, short; *n.* bass
bastare to be sufficient, to be enough
  basta! enough!
battaglia battle
battezzare to baptize
battistero baptistry
beato lucky
be' *(colloquial) form of* **bene** well
bel *form of* **bello**
bellezza beauty
Bellini, Vincenzo (1801-1835) *Italian
  composer, author of "Norma," "La
  Sonnambula," etc.*
bellissimo very beautiful
bello beautiful, lovely, handsome
ben, bene well, good; **va bene** all right,
  it is all right; **fare bene** to be good
  (for); **volere bene** to love
benedice (*pres. ind. of* **benedire**) blesses
benedizione *f.* blessing
beni *n.* worldly goods
benignamente kindly, benignly
benissimo very well
benzina gasoline
bere to drink
Bernini, Giovanni Lorenzo (1598-1680)
  Italian sculptor and architect
bevanda drink, beverage
bevono (*pres. ind. of* **bere**) drink
bianco white
Bibbia Bible
bicchiere *m.* drinking glass
bicicletta bicycle
biglietto ticket, card
bilanciare to balance

bilingue bilingual
binario track
biologia biology
biondo blond
Bisanzio *f.* Byzantium, Istanbul
bisognare to be necessary; **non bisogna
  dimenticare** one must not forget;
  bisognava prendere we should have
  gotten
bisogno need; **avere bisogno di** to need
bistecca beefsteak
bizantino Byzantine
bizzarro odd
bocca mouth
Boccaccio, Giovanni (1313-1375)
  author of the "Decameron"
Boccioni, Umberto (1882-1916) *Italian
  painter*
bollente boiling-hot
bollettino bulletin, catalog
Bologna *a city in northern Italy*
bolognese *from Bologna*
bonifica reclamation (*of land*)
borbonico *of the house of the Bourbons*
bordo: a bordo on board
borgo village
borsa bag; **borsa (di studio)**
  scholarship
borsetta handbag
borsista *m. and f.* fellowship holder
bosco woods
Botticelli Sandro (1444-1510) *Florentine
  painter*
bottiglia bottle; **bottiglione** *m.* large
  bottle
bove *m.* ox
bravo fine, good
breve short, brief
brigata brigade
brio cheerfulness, vitality; **con brio**
  with fire, "con brio"
brioso lively
bruciare to burn
Brunelleschi, Filippo (1377-1446)
  Florentine architect and sculptor
bue (*pl.* **buoi**) *m.* ox
buffo comical, comic

buffone *m.* clown; **fare il buffone** to clown
buio dark, pitch-black
buono good
Burano *f. an island near Venice, famous for its lace*
burro butter
bussare to knock

C

cabina stateroom
caccia hunt; *a musical and poetic form*
cacciare to drive out
cadere to fall
caduta fall
caffè *m.* coffee, coffeehouse; **caffellatte** *m.* coffee and milk
Cagliari *f. a city in Sardinia*
Calabria *a region in southern Italy*
calare to descend
calcio soccer
calcolare to calculate
caldo *adj.* warm; *n.* heat; **fare caldo** to be warm
caleidoscopio caleidoscope
Californiano Californian
calle *f.* narrow street *(in Venice)*
calma calm
caloroso warm, enthusiastic
calzature *f.pl.* footwear
cambiamento change
cambiare to change, to exchange
cambio exchange, exchange office
camera bedroom
camerata group
cameriera maid
cameriere *m.* waiter; **cameriere di bordo** steward
camicia shirt
camion *m.* truck
camminare to walk, to run, to perform *(of an automobile)*
campagna country, countryside
campana bell
Campanella, Tommaso (1568-1639) *Italian philosopher*
Campania *a region in southern Italy*

campanile *m.* bell tower
Campari *m. an Italian apéritif*
Campigli, Massimo (1895–1971) *Italian painter*
campionato championship
campo field
canale *m.* canal, channel
cancellata iron gate
candela candle
candelabro chandelier
cannellone *m. a variety of large macaroni*
Canova Antonio (1757-1822) *Italian sculptor*
cantante *m.* and *f.* singer
cantare to sing
canto canto, singing
canzone *f.* song
capello hair
capire to understand
capitale *f.* capital
capitano captain
capitare to happen, to come
capitolo chapter
capo head, chief; **da capo** from the beginning, all over again
capolavoro masterpiece
cappella chapel; **Cappelle Medicee** Medici's Chapels *(in Florence)*; **Cappella Sistina** Sistine Chapel *(famous chapel in the Vatican)*; **Cappella Palatina** Palatine Chapel *(a highly decorated chapel in Palermo)*
cappello hat
cappuccino *coffee with hot milk added*
Capri *f. small island in gulf of Naples*
carabiniere *m.* policeman
Caracalla *a Roman emperor*
carattere *m.* character, nature
caratteristica *n.* characteristic
caratteristico characteristic
Caravaggio, Michelangelo (1565-1609) *Italian painter*
caricare to load
caricaturale burlesque, comical
carico (di) loaded (with)
carino pretty
Carlo Charles; **Il San Carlo** *a theater in Naple.*

carne *f.* meat
carnevale *m.* carnival
caro dear; expensive
Carrà, Carlo (1881-1966) *Italian painter*
Carrara *a town on Tyrrhenian coast, near Pisa, famous for its marble quarries*
carrettiere *m.* cart driver
carretto two-wheeled cart
carro cart, car
carrozza carriage, car *(of train)*; **in carrozza!** all aboard!
carta paper, map; **carta geografica** map; **carta stradale** road map
cartello sign
cartolina postcard
casa house, firm; **a casa** home; **a casa sua** at her house
casettina little house
caso case; **per caso** by chance, perchance
Cassa del Mezzogiorno *Bank for the Development of the South*
cassata *an Italian ice cream*
Cassia Cassian Way, *a road originally built by the Romans*
castano chestnut brown
castel *form of* **castello**, castle; **Castel Sant'Angelo** *a round stronghold, originally built (2nd century A.D.) as a tomb for emperor Hadrian, in Rome;* **Castel Gandolfo** *a town on hills south of Rome*
castello castle; **Castelli Romani** *name given to a hilly region near Rome, dotted with little towns*
catacomba catacomb, *an underground meeting place and burial ground of early Christians*
Catania *a city on coast of Sicily*
categoria category, class
catena chain; **catena a reazione** chain reaction
cattedrale *f.* cathedral
cattolico Catholic
causa cause; **a causa di** because of
cava quarry
cavaliere *m.* knight, gentleman

cavalleresco of chivalry
cavalleria chivalry; **Cavalleria Rusticana** *(Rustic Chivalry) a well-known opera by Pietro Mascagni which has a Sicilian setting*
cavalletto easel
cavallo horse; **a cavallo** on horseback
Cefalú *a town near Palermo in Sicily*
celebrare to celebrate, to hold *(a festival)*
celebrazioni *f.pl.* festivities
celebre famous
celto Celt
cena supper
cenacolo last supper, cenacle
cenare to have supper
cenere *f.* ashes
centinaio *(pl.* **le centinaia***)* (about) one hundred
centrale central
centro center, down town; **al centro** down town
cera wax
ceraiolo man who carries a "cero"
ceramica ceramics
cerca search
cercare (di) to look for; to try, to seek
cerimonia ceremony .
cero a wax candle *(but see description of festival in chapter 39)*
certamente certainly
certo *adj.* certain; *adv.* certainly; **certo che** there is no doubt that
Certosa *a famous Carthusian monastery in Parma*
cessare to cease
cestino basket
che who, whom, that which, what, what a, than
che cosa? what?
chi who, whom, whoever, he who, him who, a person who
chiacchierare to chat
chiamare to call; **chiamarsi** to be called; **mi chiamo** my name is
chiaramente clearly
chiaro clear
chiave *f.* key

chiędere to ask
chięsa church
chięsto (*past part.* of **chiędere**) asked
chilǫmetro kilometer *(⅝ of a mile)*
chiǫstro cloister
Chirico, Giǫrgio de (1888–1978)
   Italian painter
chiųdere to close
chiuso (*past. part. of* **chiųdere**) closed
ci us, to us, ourselves, each other, one
   another
ci there; **c'ę** there is; **ci sono** there are
ciao! so long! good-bye; *also* hello!
ciascuno each, each one
ciclismo bicycle racing
ciclo cycle
cięco blind
cięlo sky, heaven; **in cięlo** in the sky
cima summit, top; **in cima (a)** at the
   top (of)
Cimabue (1240–1302) *Florentine painter*
Cimarǫsa, Domęnico (1749–1801)
   Italian composer
Cimento: Accadęmia del Cimento *an*
   academy in Florence
Cina China
Cinecittà "Cinema City", *the center of*
   the Italian movie industry, outside Rome
cinema *m.* **cinematǫgrafo** cinema,
   movies
cinematografia cinematography
cinematogrąfico cinematographic
cinese Chinese
cinquanta fifty
Cinquecęnto sixteenth century
cintura belt; **cintura di sicurezza** safety
   belt
ciǫ this, that; **ciǫ che** that which, what
cioę namely, that is to say
cipręsso cypress tree
circa about, approximately
circolazione *f.* circulation, traffic
circolo circle, club
circondare to surround
circostante surrounding
città city, town; **Città del Vaticano**
   Vatican City
cittadina *n.* small city

cittadino of the city, citizen
civile civil, civilized, civic
civiltà civilization
classe *f.* class, classroom
Classe *f.* village near Ravenna
clạssico classical
Clemęnte Clement
clientęla clientele, patrons
clima *m.* climate
cocomerąio water-melon vendor
cocǫmero water melon
coda tail; **fare la coda** to stand in line
coincidere to coincide
colazione *f.* lunch, luncheon; **fare**
   colazione to have lunch; **prima**
   colazione breakfast
collana necklace
collegare to link, to communicate, to
   connect
collina hill
colomba dove
colǫnia colony
colonizzazione *f.* colonization
colonna column
Colonna Traiana, Colonna di Marco
   Auręlio *two ancient columns in Rome*
colonnato colonnade
coloratura coloratura
colore *m.* color; **a colori** in color
colorista *m. and f.* colorist
coloro they, them, those, those people
Colossęo Colosseum
colpire to strike
colpo blow; **colpo d'ǫcchio** view
coltivare to cultivate
comando command
combạttere to fight
combinazione *f.* coincidence
come as, such as, like, as a
cǫmico comical
cominciare (a) to begin; **a cominciare**
   con beginning with
comitato committee
comitiva group *(of people)*
commędia comedy; **Commędia**
   dell'Arte Improvised Comedy
commediǫgrafo comedy writer
commemorare to commemorate

commensale *m.* table companion
commentare to comment
commerciante *m.* merchant, businessman
commercio commerce, trade
commovente moving
comodità convenience, comfort
comodo convenient, comfortable; **restare comodo** to be convenient
compagnia company, line; **in compagnia di** with, together with
compagno companion, friend
comparare to compare
compatto compact
competizione *f.* competition
compiere to accomplish
compimento completion
complesso complex; *n.* ensemble
completamente completely
completare to complete, to finish
completo complete
complicato complicated
complimenti *m.pl.* congratulations
componevano (*imp. ind. of* **comporre**) composed, made up
componimento composition
compositivo of composition
compositore *m.* composer
composizione *f.* composition
composto (*past part. of* **comporre**) to compose
comprare to buy
comprendere to understand; *also* to comprise, to include
comprensione *f.* understanding
compromesso compromise
comunale of the city; **Teatro Comunale** *a theater in Florence*
comune *adj.* common; *n.* city, state
comunicante communicating
comunicazione *f.* communication
comunismo communism
comunista *m.* and *f.* communist
comunità community
con with
conca shell, basin; **Conca d'Oro** Golden shell, *basin surrounding Palermo*

concerto concert
concerto grosso *the most important type of Baroque concerto*
concesso (*past part. of* **concedere**) granted
condannare to condemn
condire to season, to dress
condizione *f.* condition; **in ottime condizioni** in excellent condition
condottiero mercenary captain
conduce (*pres. ind. of* **condurre**) leads
conducono (*pres. ind. of* **condurre**) lead
conferenza lecture; **tenere una conferenza** to give a lecture
conferenziere *m.* lecturer
confessare to confess
confezionare to make
confidenziale confidential
configurazione *f.* configuration, shape
confine *m.* boundary, border
confortevole comfortable
confusione *f.* confusion
confuso confused
conobbi (*past abs. of* **conoscere**) I met, I made the acquaintance of
conoscenza acquaintance, knowledge
conoscere to know, to meet, to be acquainted with; **fare conoscere** to introduce
conosciuto known
conquista conquest
consacrare to consecrate
conscio conscious
consegna delivery
conseguenza consequence; **per conseguenza** consequently
conservare to preserve, to keep
conservatorio conservatory
considerare to consider
considerazione *f.* consideration; **prendere in considerazione** to consider
considerevole considerable
considerevolmente considerably
consigliabile advisable
consigliare (di) to advise, to suggest
consistere to consist
consolazione *f.* consolation

constatare to note, to find out
consultare to consult
contadino farmer, peasant
contare to count, to include
conte *m.* Count
contemporaneo contemporary
contentarsi (di) to be satisfied (with)
continente *m.* continent
continuare (a) to continue
continuo continuous, constant
conto bill, check, account; **rendersi conto** to realize; **tener conto di** to take into account; **per conto mio (suo,** etc.**)** by myself (himself, etc.)
contrada district, zone
contrariamente contrarily, contrary
contrario contrary, opposite; **al contrario** on the contrary; **non avere nulla in contrario** to have no objections
contrastare to contrast
contrasto contrast
contratto contracted, abbreviated
contribuire to contribute
contributo contribution
contro against
controllare to control
controllo control
controllore *m.* conductor
Controriforma Counter Reformation
convenire to be to someone's advantage, to pay, to be fitting, to suit
convenzione *f.* convention
conversare to converse
conversazione *f.* conversation
conviene (*pres. ind. of* **convenire**): **Le conviene prendere un tassì** it pays you to get a taxi
convinto (*past part. of* **convincere**) convinced
copernicano Copernican
coperto (*past part. of* **coprire**) **(di)** covered (with)
copia copy, number
coppia couple
cor(e) (*poetic for* **cuore**) *m.* heart
coraggio courage

corallo coral
cordiale cordial
Corelli, Arcangelo (1653–1716) *Italian composer*
corno (*pl.* **le corna**) horn
corporazione *f.* corporation, guild
Corpus Domini *m.* Corpus Christi, *a religious holiday in late spring*
corrente *f.* current, trend
correntemente fluently
correre to run, to speed
correzione *f.* correction
corridoio corridor, aisle
corriere *m.* courier
corrispondere to correspond
corsa race; **fare una corsa** to run a race, *also* to go for a fast drive; **corsa su strada** road race; **corsa in pista** track race; **di gran corsa** at full speed, as fast as they can run
corso course; **corso di perfezionamento** advanced course
corte *f.* court
corteo procession, parade
corto short
cortometraggio documentary, short film
cosa thing; **qualche cosa** something; **cosa?** what?
coscienza conscience
così so, thus, this way; **così!** like that! for no special reason!
cosicché so that
cosiddetto so-called
cospicuo conspicuous
costa coast, slope
Costantino (*emperor*) Constantine (288–337)
Costantinopoli *f.* Constantinople
costare to cost
costituire to constitute
costituzionale constitutional
costo cost
costruire to build
costruzione *f.* construction
costume *m.* costume, custom
cotechino *a variety of spiced sausage*
cravatta necktie

creare to create
creazione *f.* creation, invention
credenza belief
credere to believe, to think; **se crede** if it's all right with you
crescere to grow
cristallo crystal
cristianesimo Christendom, Christianity
cristiano Christian; **precristiano** pre-Christian
Cristo Christ
Cristoforo Colombo Christopher Columbus
criterio criterion
croce *f.* cross
crociata crusade
cubismo cubism, *a style of art*
cucina kitchen; cooking, cuisine
cucire to sew; **macchina da cucire** sewing machine
cugina *f.* cousin
cui which, whom; *def. art. plus* **cui** whose
culinario culinary
culla cradle
culto cult
cultura culture
culturale cultural
culturalmente culturally
cuoio leather
cuore *m.* heart
cupola dome
curiosità curiosity; **mi levi una curiosità** satisfy my curiosity
curioso curious
curva curve

D

da from, by, to, for, since, with, at *or* to the house (office, shop, place, *etc.*) of
dà (*pres. ind. of* **dare**) gives; **dà su . . .** faces . . .
Dafne *f.* Daphne
dagli = **da** + **gli**

dai = **da** + **i**
dal = **da** + **il**
dall' = **da** + **l'**
dalla = **da** + **la**
dalle = **da** + **le**
dallo = **da** + **lo**
dama lady
danno (*pres. ind. of* **dare**) give
Dante Alighieri (1265–1321) *the greatest Italian poet:* **dantesco** dantesque
dantista *m. Dante scholar*
dappertutto everywhere
dapprima at first
dare to give; **dare del Lei** to address as "Lei"; **dare del tu** to address as "tu"; **darsi la mano** to shake hands, to meet; **dare su** to face
daremo (*fut. of* **dare**) we shall give
dato given; **dato che** since
davanti (a) before, in front (of)
David *m.* David (*a famous statue of Michelangelo*)
davvero really, indeed
debole weak
Decamerone *m.* Decameron
decantare to praise to the sky
decennio decade
decidere to decide
decise (*past abs. of* **decidere**) decided
decisivo decisive
deciso (*past part. of* **decidere**) decided
dedicare to dedicate, to devote
definire to define, to call
definitivamente definitely
degli = **di** + **gli**
degnamente worthily
degno worthy
dei = **di** + **i**
del = **di** + **il**
delizia delight, joy
delizioso delicious
dell' = **di** + **l'**
della = **di** + **la**
Della Robbia, Andrea (1435–1525), **Luca** (1400–1482) *Italian sculptors*
delle = **di** + **le**
dello = **di** + **lo**
democratico democratic

democrazia democracy
democristiano Christian democrat
denaro money
dentifricio tooth paste
dentro inside, within
derivare to derive
Deruta *a town in central Italy noted for its ceramics*
descrivere to describe
deserto deserted; *n.* desert
desiderare to wish
desiderio desire
destare to awaken; **destala!** awaken her!
destinazione *f.* destination
destino destiny, fate
destro: a destra to the right
determinare to determine
dettagliato detailed
dettaglio detail
dettero (*past abs. of* **dare**) gave
detto (*past part. of* **dire**) said, told, called; *n.* saying
deve (*pres. ind. of* **dovere**) must
deven = diviene (*pres. ind. of* **divenire**) becomes
devo (*pres. ind. of* **dovere**) I must
devono (*pres. ind. of* **dovere**) must, owe
di of, from, than, about, by, in; **di +** *def. art.* some, any
dia (*pres. subj. of* **dare**) give
dialetto dialect
dialogo dialogue
diamo (*pres. ind. of* **dare**) we give
dica (*pres. sub. of* **dire**) tell, say
dice (*pres. ind. of* **dire**) says, tells; **come si dice?** how do you say?
dicendo (*gerund of* **dire**) saying; **va dicendo** says, keeps on saying
diceva (*imp. ind. of* **dire**) used to say
dicevo (*imp. ind. of* **dire**) I was saying
dichiararsi to declare oneself
diciannove nineteen
diciannovenne nineteen years old
diciannovesimo nineteenth
diciassette seventeenth
diciassettesimo seventeenth
diciottesimo eighteenth

dicono (*pres. ind. of* **dire**) say, tell
dieci ten
diecina about ten; **una diecina di giorni** about ten days
diedero (*past abs. of* **dare**) gave
dietro (a) behind, after
difatti indeed
difese (*past. abs. of* **difendere**) defended
difetto defect
differente different
differenza difference
differire to differ
difficile difficult, hard
difficoltà difficulty
diffusione *f.* diffusion
diffuso diffused, spread out, popular
dilettante *m.* amateur
dilettare to please
dimenticare (di) to forget
diminuire to diminish
diminuzione *f.* decrease
dimostrare to indicate
dinamo *f.* dynamo
dintorni *m.pl.* surroundings
Dio God
Dionisio Dionysus, *ancient God of wine and drama*
dipendere to depend
dipingere to paint
dipinto (*past part. of* **dipingere**) painted
diploma *m.* degree; **diploma di maturità** "certificate of maturity", *a certificate required for admission to the University*
diramarsi to extend, to stretch
dire to say, to tell; **volere dire** to mean; **come si dice?** how does one say?; **cosa dire?** what can one say?; **può dirsi** can be considered
direttamente directly
direttissimo express train
diretto directed, who is going, straight, through train
direttore *m.* director
direzione *f.* direction, leadership
dirigere to direct
diritto straight; *n.* right
discendere to descend

discutere to discuss
disegno drawing
disoccupazione f. unemployment
disordine m. disorder
dispetto spite; a dispetto di in spite of
dispiaccia (pres. subj. of dispiacere) mind, are sorry
dispiacere to be sorry; mi dispiace I'm sorry; ti dispiace? do you mind?
disporre to dispose
disposizione f. arrangement, disposition
distanza distance
distinguere to distinguish, to single out
distribuire to distribute, to arrange
distrutto (past part. of distruggere) destroyed
disturbare to disturb, to bother
ditta firm, factory
diva movie star (woman)
divenne (past part. of divenire) became
diventare to become
diverso different; pl. several
divertente amusing, enjoyable
divertimento amusement
divertirsi to enjoy oneself, to have a good time
dividere to divide
divien = diviene (pres. ind. of divenire) becomes
divino divine
divisione f. division
diviso (past part. of dividere) divided
divorare to devour
divorzio divorce
dizionario dictionary
dobbiamo (pres. ind. of dovere) we must, we owe
doccia shower; fare la doccia to take a shower
documentario documentary
dodecafonico dodecaphonic, twelve tone
dogana customs
doganale of the customs
Doge m. Doge, title of the head of the old Venetian republic
dolce sweet, gentle

dolcezza sweetness
dollaro dollar
domandare (a) to ask
domani tomorrow; domani l'altro day after tomorrow
domenica Sunday; la domenica on Sundays
domenicale of Sunday; svago domenicale Sunday amusement
domenicano Dominican
domestico domestic
dominare to dominate, to rule
dominazione f. rule, domination
dominio rule, domination
Don Mr., sir; Don Giovanni Don Juan; sentilo, il Don Giovanni! listen to this Don Juan!
Donatello (1386–1466) Florentine sculptor
Donizetti, Gaetano (1789–1848) famous composer of such operas as "Lucia di Lammermoor," "La Favorita," and others
donna woman, lady
dopo after, afterwards; poco dopo a little later
dopoguerra m. postwar period
doppio double
dorato gilt
dormire to sleep
dotato gifted
dote f. gift, talent
dottore m. doctor
dottrina doctrine
dove where; di dove è Lei? where are you from?
dovere to have to, must, to be supposed to, to owe
dovrà (fut. of dovere) will have to
dovrai (fut. of dovere) you will have to
dovranno (fut. of dovere) will have to
dovrei (cond. of dovere) I should, I ought to
dovresti (cond. of dovere) you should
dovrò (fut. of dovere) I shall have to
dozzina dozen
dramma m. drama, play
drammatico dramatic

dubbio doubt
ducato duchy
Duccio (1255–1319) *Sienese painter*
due two
dunque then, so
duomo cathedral
durante during
durare to last
durata duration
duraturo lasting
duro hard, harsh

E

e, ed and
è (*pres. ind. of* **essere**) is
ebbe (*past abs. of* **avere**) had
ebbero (*past abs. of* **avere**) had
ebbi (*past abs. of* **avere**) I had
ebrezza drunkeness
ecc. (eccetera) etc.
eccellente excellent
eccellenza excellence
eccelso (*past part. of* **eccellere**) excelled
eccetto except
eccezionale exceptional
eccezione *f.* exception
ecco here is, here are, there is, there are; **eccoci!** here we are!; **eccola!** here it is!; **eccomi!** here I am! **ecco fatto!** there you are!
economia economics
economicamente economically
economico economical
edicola (dei giornali) newsstand
edificio building
edizione *f.* edition
educazione *f.* education, training
effetto effect, belonging
effusione *f.* effusion, warmth
egli he
egregio dear (*formal form of address in correspondence*)
eguagliare to equal
eguale equal, similar
Elba *island off coast of Tuscany*
elegante elegant

elementare elementary
elemento element
elenco list
eletto elected
elettricità electricity
elettrico electric
elezione *f.* election
elicottero helicopter
Elio *proper name*
ella she
emigrante *m. and f.* emigrant
emigrazione *f.* emigration
Emilia *a region in northern Italy;* **Via Emilia** *a road originally built by the Romans*
eminente eminent
energia energy
enorme enormous
Enrico Henry
ente *m.* group, organization
entrambi both
entrare (in) to enter; **che c'entra?** what does that have to do with it?
entrata entrance, admission
entusiasmare to enthuse, to thrill
entusiasta *m. and f.* enthusiast
epico epic
epidemia epidemic
episodio episode
epoca epoch, period
equestre equestrian
equitazione *f.* horseback riding
era (*imp. ind. of* **essere**) was, were; *n.* era
erano (*imp. ind. of* **essere**) were
Ercolano *f.* Herculaneum (*a Roman city near Naples, destroyed by an eruption of Vesuvius in 79 A.D.*)
eredità heredity, inheritance
ereditare to inherit
eremita *m.* hermit
ermo solitary
eroico heroic
errare to be wrong, to err
eruzione *f.* eruption
esame *m.* examination; **dare un esame** to take an exam
esatto exact, fitting

esaurito sold out

esce (*pres. ind. of* **uscire**) leaves, leave

esclamare to exclaim

escludere to exclude, to block

esclusivamente exclusively

escursione *f.* excursion

Esedra: Fontana dell'Esedra *a very large circular fountain in Rome*

esempio example

esemplare *m.* sample

esercitare to practice

esercito army

esiguo exiguous, small

esistere to exist

esodo exodus

esotico exotic

espansione *f.* expansion

esperienza experience

esperimento experiment

esponente *m.* exponent

esportare to export

espressione *f.* expression phrase

espressivo expressive

esprimere to express

essa it, she

esse *f.pl.* they, them

essenziale essential

essenzialmente essentially, mainly

essere to be

essi they, them

esso it, he

est *m.* east

estasi *f.* extasis, trance

estate *f.* summer

Este *family name of an ancient noble family;* **Villa d'Este** *a lovely villa with gardens and fountains near Rome*

esterno exterior; **dall'esterno** from the outside

estero foreign; **all'estero** abroad

estese (*past abs. of* **estendere**) spread

estetica aesthetics

estivo of the summer

estremamente extremely

estremismo extremism

estremo extreme

età age

eterno eternity

Etna *m.* Aetna (*large volcano in Sicily*)

etnico ethnical

etrusco Etruscan (*ancient inhabitant of central Italy*)

Eugenio Eugene

eurocomunismo Eurocommunism

Europa Europe

europeo European

Evangelista *man's given name*

evento event

eventuale eventual

evidentemente evidently

evitare to avoid

evoluzione *f.* evolution

F

fa ago; (*pres. ind. of* **fare**) does, makes

fabbrica factory

fabbricare to build

facchino porter

faccia face; (*pres. subj. of* **fare**) do, make

facciamo (*pres. ind. of* **fare**) we do, make

facciano (*pres. subj. of* **fare**) do, make

facciata façade, front

facendo (*gerund of* **fare**) doing, making

facessero (*imp. subj. of* **fare**) did

facevano (*imp. ind. of* **fare**) did, made, played (*a game*)

facile easy

facilitare to make easy, to facilitate

facilmente easily

facoltà faculty

Faenza *a city in northern Italy, noted for its majolica and ceramics*

fai (*pres. ind. of* **fare**) you do, make

falegname *m.* carpenter

falso false

fame *f.* hunger; **avere fame** to be hungry

famiglia family

familiare of the family

famoso famous

fanciulla girl, young woman

fanno (*pres. ind. of* **fare**) they do, make

fantasia fantasy

fantastico fantastic

fantino jockey

fare to do, to make, to let; **fare bene** to be good (for); **fare delle domande** to ask questions; **fare il falegname (meccanico,** *etc.***)** to be a carpenter (mechanic, *etc.*); **fare pensare** to remind one; **fare vedere** to show; **ho trovato da fare** I found something to do; **fare** *or* **farsi fare** to have made; **farsi** to become; **come fa a saperlo?** how can you tell?; **come si fa per andarci** how one goes there; **come si fa?** what can one do?

faremo (*fut. of* **fare**) we shall do, we shall make

fascino fascination, charm

fascismo fascism

fascista fascist

fase *f.* phase

fastidio annoyance; **dare fastidio** to bother

fatto (*past part. of* **fare**) done, made; *n.* fact, deed

fattoria farm, farmhouse

favore *m.* favor; **per favore** please; **a favore di** in favor of

favorire to favor

favorito favorite; **La Favorita** *a park with a lovely palace in Palermo*

fece (*past abs. of* **fare**) did, made

fecero (*past abs. of* **fare**) did, made

feci (*past abs. of* **fare**) I did, I made

fede *f.* faith

fedele *m.* faithful

Federico Frederick

felice happy, gay

femminile feminine, female

Fenicio *m.* Phoenician

fenomeno phenomenon

fermarsi to stop, stop over

fermata stop

fermento ferment, effervescence

Ferragosto *Italian middle-of-August vacation period*

Ferrara *a city in Northern Italy*

Ferrari *f. an Italian automobile*

ferrovia railroad

ferroviario of the railroad; **servizio ferroviario** railroad service

fertile fertile

fertilità fertility

festa festival, holiday; **è festa** it is a holiday; **a festa** festively

festivo festive, of holidays

festoso festive, gay

feudale feudal

fiammingo Flemish

fiasco flask, bottle

Fiat *f. an Italian automobile*

fico fig

fieno hay

fiera fair; **Fiera Campionaria Internazionale** *International Industrial Fair (of Milan)*

Fiesole *f. a town overlooking Florence*

figlio son

figura figure

fila row

filo wire; **senza fili** wireless

filobus *m.* trackless trolley

filosofia philosophy

filosofico philosophical

finalmente finally

finanza finance

finanziare to finance

finchè as long as

fine *f.* end

finestra window

finestrino window (*of train, airplane*)

finire to finish, to use up; **finire per** to end up by

fino (a) as far as, until

finora until now

fiore *m.* flower, blossom; **Santa Maria del Fiore** *the Cathedral of Florence*

fiorente flourishing

fiorentino Florentine; **alla fiorentina** Florentine style

fiorire to flourish

Firenze *f.* Florence (*principal city of Tuscany; cradle of Italian Renaissance*)

firmare to sign

fischio whistle

fisica physics

fisico *adj.* physical; *n.* physicist

248

fissato fixed
fiume *m.* river
Flaminia Flaminian Way (*a road originally built by the Romans*)
foglia leaf
folla crowd
fondamentale fundamental, basic
fondare to found
fondazione *f.* foundation
fondo background, makeup; **in fondo** in the background
fontana fountain
fonte *f.* source
forma shape
formaggio cheese
formalità formality
formare to form
formicolare (di) to teem, to overflow (with)
fornito endowed, filled
foro forum
forse perhaps
forte strong, loud, aloud
Forte dei Marmi *f. a seaside resort on the Tyrrhenian sea*
fortuna fortune, luck
fortunatamente fortunately, luckily
fortunato lucky
forza strength, force, might
fosse (*imp. subj. of* **essere**) was
fotografia photograph
fra within, between, among
francamente frankly
Francesca Frances
Francesco Francis
francese French
Francia France
Frascati *f. a town on hills south of Rome*
frase *f.* phrase
frate *m.* monk
fratello brother
frattempo: nel frattempo in the meantime, meanwhile
fraterno fraternal, brotherly
frattura break
freddo cold, cold weather; **fare freddo** to be cold
frequentare to attend

frequente frequent
frequenza attendance
fresco cool, fresh; **fare fresco** to be cool; **di fresco** freshly, recently
fretta haste; **avere fretta** to be in a hurry
fritto (*past. part. of* **friggere**) fried
frutto (*p.* **la** *or* **le frutta**) fruit
fu (*past abs. of* **essere**) was, were
fuga fugue, flight
fuggire to flee
Fulvio *proper name*
fumare to smoke
fumo smoke
fungo mushroom
Funiculí-Funiculà *title of a popular Neapolitan song, from* **funicolare** funicular, *a cable car that used to go up Mount Vesuvius*
funzione *f.* function; **avere la funzione di** to correspond
fuoco fire; **dare fuoco** to set fire; **fuoco artificiale** *or* **fuoco d'artificio** firework
fuori outside, out
furioso furious, mad
furono (*past abs. of* **essere**) were
fuso (*past part. of* **fondere**) fused, blended
futurismo futurism, *a style of art*
futurista *m.* and *f.* futurist

G

gabbia cage
Galilei, Galileo (1564–1642) *Italian scientist*
Galla Placidia (d. 410) *daughter of emperor Theodosius the Great*
galleria gallery, arcade, tunnel
Gallo Gaul (*inhabitant of ancient Gaul*)
Galuppi, Baldassarre (1706–1785) *Italian composer*
galvanismo galvanism
galvanizzare to galvanize
gara contest, competition
Garda: Lago di Garda Lake Garda (*in northern Italy*)

Garibaldi, Giuseppe (1807–1882)
Italian patriot
Garisenda *one of leaning towers of Bologna*
gastronomico gastronomic
gazzetta gazette
gelato ice cream
generale general
generalmente generally
genere *m.* kind, type, genre
genio genius
genitore *m.* parent
Genova Genoa *(an Italian city; largest seaport in Italy)*
genovese Genoese
gente *f.* people
gentile kind, polite; **troppo gentile!** you're too kind!
gentilezza kindness, courtesy
Genzano *f. a town a few miles south of Rome*
geografia geography
geografico geographic
geometrico geometric
Germania Germany
Gerusalemme *f.* Jerusalem
gesticolare to gesticulate
Gesú Jesus
gettare to throw, to spout
già already; **già!** that's right, of course!
giacché since
Giacomo James
giardino garden; **giardino dei Boboli** *a park connected with the Pitti Palace in Florence*
gigantesco gigantic
ginestra broom plant
ginnasio *Italian secondary school*
ginnastica gymnastics
ginocchio (*pl.* **le ginocchia**) knee
giocare to play
giocatore *m.* player
gioco play, game; **campo di gioco** playing field
gioia joy
gioiello jewel
Giorgio George
giornale *m.* newspaper

giornalista *m.* journalist, newspaperman
giornalmente daily
giornata day *(descriptive)*
giorno day, daylight; **buon giorno** good morning; **tutti i giorni** every day; **giorno di festa** holiday; **una volta al giorno** once a day; **ai nostri giorni** today
giostra joust
Giosuè Joshua
Giotto (1276–1337) *great Florentine painter and architect*
giovane *adj.* young; *m.* youth, young man
giovanile youthful
Giovanni John; **Porta San Giovanni** *an ancient Roman city gate*
giovanotto young man
gioventù youth, young people
giovedí *m.* Thursday
gioviale jovial, cheerful
giovinezza youth
giraffa giraffe
girare to go about, to tour, to turn, to shoot *(a film)*
giro tour; **fare un giro** to take a walk, a stroll; **in giro a** around; **nel giro di** within
gita excursion, outing
giù down, downstairs
giudizio judgment
giugno June
giunto (*past part. of* **giungere**) arrived
giurisdizione *f.* jurisdiction, control
Giuseppe Joseph
giusto just, correct
gli (*pl. of* **lo**) the; *pron.* to him
gloria glory
gloriarsi to boast
glorioso glorious
godere (di) to enjoy
Goldoni, Carlo (1707–1793) *Italian playwright*
golfo gulf, bay
gondola gondola
gotico Gothic
governare to govern, to rule

govęrno government
gradire to appreciate
gradito pleasant, welcome
gran *form of* **grande**
grande *adj.* large, great, big, grand; *n.* great man
grandezza size, greatness
grandioso grandiose, imposing
grasso fat
grattacięlo skyscraper
gratuito gratis, free
grave *adj.* grave, serious; *m.* body
gręzie thanks, thank you; **gręzie di tutto** thanks for everything; **tante gręzie** many thanks
grazioso pretty, lovely
Gręcia Greece
gręco Greek
gremito (di) crowded (with)
grigio gray
grillo cricket
grọsso large, thick
grọtta grotto
gruppo group
guanto glove; **in guanti bianchi** wearing white gloves
guardare to look, to look at; **guardi che . . .** be careful . . .
guardia guard, officer, official
Gubbio *f. a town in central Italy near Perugia*
guęrra war; **guęrra mondiale** world war
guglia spire
Guglięmo William
guida guide, guide book
guidare to drive
gusto taste

H

ha (*pres. ind. of* **avere**) has, have; **ce l'ha** it has
hai (*pres. ind. of* **avere**) you have
hanno (*pres. ind. of* **avere**) have
họ (*pres. ind. of* **avere**) I have

I

i the
idęa idea
ideale ideal
ideare to conceive, to invent
idęntico identical
ięri yesterday; **ięri l'altro** the other day, day before yesterday; **ięri sera** last night
il the
illuminare to illuminate, to light up
illuminazione *f.* illumination, lighting
illuminismo illuminism
illustrare to illustrate
illustrato illustrated
illustrazione *f.* illustration
imbottito (di) stuffed (with)
imitare to imitate
immaginare (di) *or* **immaginarsi (di)** to imagine
immagine *f.* image
immediatamente immediately, at once
immęnso immense
immigrazione *f.* immigration
imminęnte imminent
imparare to learn
impazientemente impatiently
imperiale imperial
impermeabile *m.* raincoat
impęro empire
imperversare to rage, to be the rage
impeto impetus
impiegato clerk, employee
imponęnte imposing
importante important, main
importanza importance
importare to matter, to import
impossibile impossible
impossibilità impossibility
impressione *f.* impression
impronta impression, mark
improvvisamente suddenly
improvvisare to improvise
impulso impetus
in in, into, on, within, at, to, during
inaccessibile inaccessible
inaspettato unexpected

incancellạbile indelible
incantẹvole charming, enchanting
incaricare to charge
incendiare to set fire to
incessante unceasing
inclinazione *f.* inclination
incluso including
incominciare to begin, to start
incomparạbile incomparable¯
incontrare to meet; **dove c'incontriamo?** where shall we meet?
incontro meeting
incoraggiante encouraging
incredịbile incredible
incrọcio crossroads
incrostare to encrust
incuriosito having become curious
indicare to indicate, to point out; to suggest
indicazione *f.* information, explanation, direction
indiẹtro back; **avanti e indiẹtro** back and forth
indịgeno indigenous
indimenticạbile unforgettable
indipendẹnte independent
indipendentemente independently
indipendẹnza independence
indirettamente indirectly
indirizzo address
indivịduo individual
indossare to wear
indụstria industry
industriale industrial
industriali*zz***azione** *f.* industralization
inẹrme harmless
infatti in fact
infẹrno hell
infilare to enter (*lit.* to thread), to slip on
infine finally
infiorato decorated with flowers; **Infiorata** flower decoration (*for the festival at Genzano*)
influẹnza influence
influire (su) to influence
influsso influence

infọndere to infuse
informazione *f.* information; **delle informazioni** some information
ingegneria engineering
ingenuamente naively, candidly
inglese *adj.* English; *m.* Englishman
ininterrotto uninterrupted
iniziare to begin
iniziativa initiative
inịzio beginning
innamorato in love
innegạbile undeniable
innumerẹvole countless
inoltre furthermore
insalata salad
insegnamento teaching
insegnare to teach
insiẹme together
insigne distinguished
insomma in short
instạbile unstable
intanto meanwhile
intellettuale intellectual
intẹndere to intend, to plan, to understand; **intẹndersene** to be a good judge (*of something*), to be able to tell; **s'intẹnde** of course
intensità intensity
intẹnso intense, heavy
intenzione *f.* intention
interessante interesting
interessare to interest
interẹsse *m.* interest
interminato interminable
internazionale international
intẹrno interior; **all'intẹrno** in the interior, inland
intero entire, whole; **per intero** completely
interrọmpere to interrupt
interrotto (*past part. of* **interrọmpere**) interrupted, broken
interruzione *f.* interruption
inteso (*past part. of* **intẹndere**): **siamo intesi!** agreed!
ịntimo intimate, innermost
intitolato titled
intorno around

inutile useless; **inutile dire** it is useless to say

invasione *f.* invasion

invaso (*past. part. of* **invadere**) invaded

invasore *m.* invader

invecchiare to grow old; **s'invecchia** one grows old

invece instead, on the other hand

inventare to invent

inventivo inventive

inventore *m.* inventor

invenzione *f.* invention

invernale of the winter

inverno winter

investire to hit (*with a vehicle*)

invetriato vitreous

invitare to invite

io I

Ionio Ionian (*sea*)

ippica horse racing

ippodromo horse racing track

irresistibilmente irresistibly

irrisolto unresolved

Ischia *small island near Naples*

iscriversi to register, to go, to attend

iscrizione *f.* inscription

isola island, isle

isolotto small island

ispezione *f.* inspection

ispirare to inspire; **ispirarsi a** to be inspired by

ispirazione *f.* inspiration

Istituto Magistrale, Normal School; **Istituto Tecnico** *an Italian secondary school*

istituzione *f.* institution

istruttivo instructive

istruzione *f.* instruction, education

Italia Italy

italianizzarsi to become Italianized

italiano Italian; **all'italiana** Italian style

italico Italic, Italian

itinerario itinerary

L

l' the; *pron.* him, her, it, you

la the; *pron.* her, it, you

là there; **al di là** beyond; **più in là** farther out

labbia (*poetic*) countenance

ladro thief

laggiù down there, out there

lago lake

laguna lagoon

lamento lament

lana wool; **Palazzo della Lana** *an ancient palace in Florence, originally the home of the Wool Guild*

Lancia *an Italian automobile*

lanciare to launch

lapide *f.* plaque

larghezza width

largo wide

lasciare to leave, to let

latino Latin

lato side; **da un lato** on one side

latte *m.* milk

latteria dairy, creamery

laudare (*poetic*) = **lodare** to praise

laude *f.* hymn

laurea diploma

laurearsi to graduate (*from a university*)

lavagna blackboard

lavare to wash

lavorare to work

lavoratore *m.* worker

lavorazione *f.* workmanship

lavoro work

Lazio Latium (*region in central Italy*)

le the; *pron.* them, you, to her, to you

legame *m.* bond

legare to tie, to bind

legge *f.* law

leggenda legend

leggere to read

leggero light, gentle

legume *m.* vegetable

lei she, her; **Lei** you; **dare del Lei** to address as "**Lei**"

lentamente slowly

lento slow, lento (*musical term*)

Leonardo da Vinci (1452–1519) *well-known artist and scientist of the Renaissance*

253

Leopardi, Giacomo (1798–1837)
  Italian lyric poet
lesse (*past abs. of* **leggere**) read
lettera letter
letterario literary
letteratura literature
letto (*past part. of* **leggere**) read; *n.* bed
lettore *m.* reader
lettura reading; **sala di lettura** reading
  room
Levante *m.* Levant, Near East
levare to remove
lezione *f.* lesson, class
li them, you; *also* = **gli**
lì there; **lì vicino** near there
liberale liberal
liberare to free, to deliver
liberazione *f.* liberation
libero free
libertà freedom
libreria bookstore
libretto booklet, libretto (*of opera*)
libro book
Liceo *an advanced secondary school*
lido beach; **Lido** *small island in Venice
  with large beach*
lieto happy
lieve gentle, slight
Ligure *m.* Ligurian (*ancient inhabitant
  of northern Italy*)
Liguria *a region in northern Italy*
limitare to limit, to confine
limitato limited
limone *m.* lemon, lemon tree
Lincei: Accademia dei Lincei *an
  academy in Rome*
lingua language, tongue; **lingua
  toscana in bocca romana** *lit.* the
  Tuscan language in the Roman
  mouth (*namely, the perfect Italian is
  the Tuscan dialect spoken with a Roman
  pronunciation*)
linguaggio language
linguistico linguistic
lirico lyric
livello level
Livorno *f.* Leghorn (*a seaport in
  Tuscany*)

livrea costume
lo the; *pron.* him, it
locale local
località locality
localmente locally
locandiera innkeeper
logicamente logically
Lombardia Lombardy (*a region in
  northern Italy*)
longobardo Longobard
lontananza distance; **in lontananza** in
  the distance
lontano far, far away
Lorenzetti, Ambrogio (1305–1348),
  Pietro (1319–1348) *Sienese painters*
Lorenzo Lawrence
loro *pres. pron.* they, them, to them,
  themselves, you, to you; *poss. adj. or
  pron.* their, theirs, yours
lotta struggle
luce *f.* light
Lucia Lucy; **Santa Lucia** *a section of
  Naples*
lucido clear
Ludovico Ludwig
luglio July
Luigi Louis
Luisa Louise
luna moon
lunedì *m.* Monday
Lungarno *name given to streets along the
  Arno river*
lungo long, along; **a lungo** at length, a
  long time
luogo place; **avere luogo** to take place,
  to occur
lusso luxury
lussureggiante luxuriant

M

ma but, however
macchia spot
macchina machine, automobile;
  macchina da corsa racing car
Madonna Virgin Mary
madre *f.* mother

madreperla mother-of-pearl

madrigale *m.* madrigal

maestoso majestic

maestro teacher, maestro

magari perhaps, even; **magari!** I only wish it!

maggio May; **Maggio Musicale** *May Music Festival (in Florence)*

maggioranza majority

maggiore major, larger, largest; **Lago Maggiore** Lake Maggiore *(in northern Italy)*

magnifico magnificent

magro lean, thin, slender

mai never, ever

male bad, badly; **meno male** it's·a good thing

malgrado despite, notwithstanding

mamma mother, mom

mancare (di) to lack, to be missing, to fail

mancia tip

mandare to send

mandorlo almond tree

mangiare to eat

manifestare to manifest, to show

manifestazione *f.* manifestation, demonstration

mano *f.* hand; **fare a mano** to make by hand; **darsi la mano** to shake hands, to meet

mantenere to keep, to maintain

mantengo (*pres. ind. of* **mantenere**) I keep, I maintain

Manzoni, Alessandro (1785–1873) *Italian novelist*

Manzù, Giacomo (1908–) *Italian sculptor*

marca make, brand

Marcello *proper name;* Marcus Claudius Marcellus (42 B.C.–23 B.C.)

Marche *f.pl.* Marches *(a region in central Italy)*

marciapiede *m.* sidewalk

Marco Mark; **Piazza San Marco** *the largest and most beautiful square in Venice*

mare *m.* sea; **sul mare** by the sea

maremoto tidal wave *(submarine earthquake)*

Maria Mary

marina waterfront

Marina *proper name*

marinaio sailor, seaman

marinaro maritime

Marini, Marino (1901–1966) *Italian sculptor*

marinismo *a literary term for the style of Marino*

Marino *f. town south of Rome*

Marino, Giovan Battista (1569–1625) *Italian poet*

marionetta puppet

marito husband

marittimo seafaring, maritime

marmellata marmalade, jam

marmo marble

Marsala *a town on western tip of Sicily*

Marte *m.* Mars

Martini, Simone (1283–1344) *Sienese painter*

martire *m.* = **martirio** suffering, anguish

Masaccio (1401–1428) *Florentine painter*

Mascagni, Pietro (1863–1945) *composer, author of "Cavalleria Rusticana"*

maschera mask, usher, usherette

maschile masculine, male

Maserati *f. an Italian racing car*

massimo greatest, very great; **Teatro Massimo** *a theatre in Palermo*

masso monolith

matematica mathematics

matematico mathematical

materia subject *(school)*, matter

materno maternal

matrimonio marriage

mattina morning; **di mattina** in the morning = **la mattina**

maturo ripe

mausoleo mausoleum

me me, to me

meccanico mechanic

mecenate *m.* patron

media: in media on the average

medicina medicine

medico doctor, physician

medio medium, average; **scuole medie** secondary schools

mediocre mediocre

medioevale Medieval

Medioevo Middle Ages

Mediterraneo Mediterranean *(sea)*

meglio better, best; **sarà meglio** it's a good idea

melodramma *m.* opera *(lit. "musical drama")*

melone *m.* melon

memoria memory; **imparare a memoria** to memorize

meno less; **di meno** less; **non può fare a meno di notare** cannot help noticing; **per lo meno** at least

mentale mental

mente *f.* mind; **venire in mente** to think, to remember; **come Le viene in mente?** how do you happen to think? what makes you think?

mentre while

meraviglia surprise, amazement, marvel

meravigliato struck, amazed

meraviglioso wonderful, marvelous

mercato market

merce *f.* merchandise

mercoledì *m.* Wednesday

meridionale southern, of the south

meritare to deserve

merletto lace, lacework

mese *m.* month

messa mass

Messina *seaport in Sicily, which gives name to the strait between Sicily and Italy*

messo *(past part. of* **mettere***)* put, place

mestiere *m.* trade

metà middle, half

metafisico metaphysical

metodo method

metro meter *(39.37 inches)*

metropoli *f.* metropolis

Metropolitana subway

mettere to put, to place; **mettersi** to put on *(clothes)*; **mettersi a** to start; **mettersi a sedere** to sit down

mezzo half, middle; **per mezzo di** by means of

mezzogiorno noon; **mezzogiorno e mezzo** 12.30 p.m.

mi me, to me, myself

mica at all

Michelangelo Buonarroti (1475-1564) *great artisit of the Renaissance*

Michelino *Florentine painter of the 15th century*

micidiale murderous, deadly

microscopico microscopic

microscopio microscope

miei *(pl. of* **mio***)* my, mine

migliaio *(pl.* **le migliaia***)* (about) one thousand

miglio *(pl.* **le miglia***)* mile

migliorare to improve, to better

migliore better, best

milanese from Milan; **alla milanese** Milanese style

Milano *f.* Milan *(a large city in northern Italy)*

milione *m.* million

militare military

mille one thousand; **I Mille** *the thousand soldiers with whom Garibaldi landed in Sicily*

millefoglie *m. a cake (lit. "one thousand layers")*

minaccioso threatening

minerale mineral

ministero ministry

minoranza minority

minore minor

minuto minute

mio my, mine

miracol = **miracolo**

miracolo miracle

mirare to look, to look at, to see

miscuglio mixture

mistero mystery

misura measure; **fare su misura** to make to order

mite mild, gentle

mobile *m.* piece of furniture

mọda fashion; **di mọda** fashionable
modẹllo model
Mọdena *a city in the Po valley*
modernizzare to modernize
modẹrno modern
modẹsto modest
Modigliani, Amedẹo (1884-1920)
   Italian painter
mọdo manner; **di mọdo che** so that; **in
  ogni mọdo** at any rate; **in mọdo
  speciale** particularly; **in mọdo da** in
  such a way as to
mọglie *f.* wife
Molise *m. a region in central Italy*
mollusco mollusk
mọlo wharf, pier
moltiplicare to multiply
molto *adj.* much; *adv.* very, very
  much, a great deal
momento moment
monarchia monarchy
monastẹro monastery, convent
mondano social
mondiale of the world
mondo world; **in tutto il mondo** the
  world over; **al mondo** in the world
moneta coin
monọdico monodic, *sung by a single
  voice*
monọtono monotonous
Monreale *f. a suburb of Palermo*
montagna mountain; **in montagna** in
  (or to) the mountains
montare to climb, to get on, to go
  aboard
monte *m.* mountain
Montereggioni *f. a small Medieval
  walled town near Siena*
Monteverdi, Clạudio (1567-1643)
  Italian composer
montuoso mountainous
monumentale monumental
monumento monument
morale moral
moralità morality
Morandi, Giọrgio (1890-1964) *Italian
  painter*
morire to die

mortadẹlla *a variety of Italian salami*
mortale mortal
mọrte *f.* death
mosạico mosaic
moschẹa mosque
Mosẹ̀ *m.* Moses, *a sculpture by
  Michelangelo*
mostra display; **mẹttere in mostra** to
  display
mostrare to show
mọstrasi *(poetic)* = **si mostra**
mọto motion
motocicletta motorcycle; **in
  motocicletta** on a motorcycle
motore *m.* engine
mọtto motto
mọva = **muọva**
movimentato lively, eventful
movimento movement, traffic
municipale municipal, of the city
muọva (*pres. subj. of* **muọvere**) moves,
  moves forth
Murano *f. an island near Venice famous
  for its crystal and blown glass*
muratore *m.* mason
musẹo museum
mụsica da cạmera chamber music
musicale musical
musicare to set to music
musicista *m. and f.* musician
muto mute, silent, speechless

N

nạcque (*past abs. of* **nạscere**) was born,
  you were born
Nanda *proper name*
napoletano Neapolitan
Nạpoli *f.* Naples (*the largest seaport of
  southern Italy*)
narrare to narrate, to tell
nạscere to be born, to arise
nạscita birth; **di nạscita** by birth
Natale *m.* Christmas
nato (*past part. of* **nạscere**) born
natura nature
naturale natural

naturalmente naturally

navata nave

navigatore *m.* navigator

Navona: Piazza Navona *a large square in Rome, famous for its three striking fountains*

nazionale national

nazionalità nationality

nazione *f.* nation

ne of it (him, her, them), some *or* any (of it, of them)

nè . . . nè neither . . . nor

necessario necessary

negativo negative

negli = in + gli

negozio store, shop

Negri, Ada (1870–1945) *Italian writer*

nei = in + i

nell' = in + l'

nella = in + la

nelle = in + le

nello = in + lo

nemico enemy

nemmeno not even

neoclassicismo neo-classicism

neoclassico neo-classic

neorealismo neo-realism

Neri, San Filippo (1515–1595) *a priest, founder of the Congregation of the Oratory*

nero black

nessuno *adj.* no, not any; *pron.* no one, nobody

neve *f.* snow

Niccolò Nicholas; **Nicola** Nicholas

niente nothing, anything

nipote *m.* grandchild

no no; **ma no** of course not!

nobile noble

nodo knot; **fare il nodo** to knot

noia: non mi danno noia do not bother me

noioso boring

nol *(poetic)* = non lo

nome *n.* name; **a nome di** in the name of; **fare il nome** to mention

non not

nondimeno nonetheless

nono ninth

nord *m.* north

norma norm

normalmente normally

normanno Norman

nostro our, ours

notare to note

notizia news; **notize tue** news from you

noto known, noted; **il più noto** the best known

notte *f.* night

notturno nocturnal

nove nine

Novecento twentieth century

novella short story

'ntender = **intendere**

nucleo nucleus

nulla nothing, anything

numero number

numeroso numerous, various

nuotare to swim; *n.* swimming

nuoto swimming

nuovo new; **di nuovo** again, once again

nutrire to nourish, to feel

nuvola cloud; **si era coperto di nuvole** had become overcast

O

o or; **o . . . o** either . . . or

'o the *(in Neapolitan dialect)*

obbligato obliged, compelled

oca goose

occasione *f.* opportunity, occasion

occhio eye; **colpo d'occhio** view, sight

occidentale western

occidente *m.* west

occupare to occupy

occupato occupied, taken, busy

odierno of today, present

odore *m.* scent, sweet smell

offrire offer, to present

oggetto object, article

oggi today; **tutt'oggi** even today

ogni each, every

ognuno each one, everyone

Olanda Holland

olivo olive tree
oltre beyond, further; oltre a besides
oltrepassare to surpass
ombra shadow, shade
ombrello umbrella; a ombrello
umbrella-shaped; ombrellone m.
beach umbrella
omettere to omit
omogeneo homogeneous
omonimo homonymous, of the same
name
ondata wave
onesto honest, modest
onore m. honor
opera work, opera; per opera di
through
operaio workman, laborer
operistico operatic
operosità activity
opinione f. opinion
opposizione f. opposition
oppresso oppressed
oppure or, or else
ora adv. now; per ora for the present
ora n. hour; non vedo l'ora di I can
hardly wait to; a che ora? at what
time? che ore sono? what time is it?
orario timetable, hours
oratorio oratorio
orbita sphere, domain
orchestra orchestra
ordinamento order
oretta: in (per) un'oretta in (for) about
an hour
Orfeo Orpheus
organista m. and f. organist
organizzazione f. organization
orgoglio pride
orgoglioso proud
orientale eastern, oriental
orientamento orientation
oriente m. orient, east; vicino oriente
near eastern; il Vicino Oriente the
Near East
originale original
originare to originate
origine f. origin
orizzonte m. horizon

Orlando Roland
ormai now, by now
orologio watch, clock
ortodosso Orthodox (Greek church)
Orvieto f. a city in central Italy
oscillazione f. oscillation, swinging
oscurità darkness
ospitalità hospitality
ospitare to sponsor
ossequioso respectful
osservare to observe
ossia namely
oste m. innkeeper
Ostia a beach town near Rome; Ostia
Antica an ancient Roman city a short
distance from the modern town
ostrogoto Ostrogoth
ottenne (past abs. of ottenere) obtained,
had
ottimismo optimism
ottimo excellent
otto eight
ottobre m. October
Ottocento nineteenth century
ovest m. west
ovviamente obviously

P

pacchetto package
pace f. peace; in pace peacefully
padano of the Po valley
padiglione m. pavilion
Padova Padua (a city at eastern end of Po
valley)
padre m. father
paesaggio landscape
paese m. country, town; tutto il
mondo è paese it's the same
everywhere
paesetto little town
pagare to pay, to pay for
pagina page
paglia straw
pagliaccio clown
paio (pl. le paia) pair
paisà (paesano) peasant, fellow-
countryman

paladino knight, champion

palazzo palace, building; **palazzina** small palace

palcoscęnico stage

palermitano *native of Palermo*

Palęrmo *f. principal city of Sicily*

Palestrina, Giovanni (1525–1594) *Italian composer*

Pạlio *an ancient horse race still run in Siena every year*

palpitare to throb

palude *f.* marsh

panifịcio bakery

panino roll; **dei panini imbottiti di mortadęlla e di formạggio** some bologna and cheese sandwiches

panorama *m.* landscape, view

Pạntheon *m.* Pantheon (*one of the monuments of ancient Rome*)

Pạolo Paul

papa *m.* pope

papà *m.* father, dad

papato papacy

par = **pare**

paracadute *m.* parachute

paradiso paradise

parạgrafo paragraph

parạlisi *f.* paralysis

parallęlo parallel, equivalent

parchęggio parking

parco park; **parco delle Cascine** *a large public park in Florence*

parere to seem; **ti** *or* **Le pare!** not at all!; **dove mi pare e per quanto mi pare** where I feel like and for as long as I like

parete *f.* wall

Parigi *f.* Paris

Parini, Giusęppe (1729–1799) *Italian poet*

Pariọli *m.pl. a fashionable district in Rome*

parlare to speak, to talk; **parleratti** (*poetic*) = **ti parlerà**

Parma *a city in the Po valley*

parọla word

parte *f.* part, role; **fare parte di** to be part of; **in gran parte** largely

partecipante *m.* and *f.* participant

partecipare to participate

partęnza departure

particolare particular; **particolare a** peculiar to

particolarmente particularly

partire to leave, to depart, to sail

partita game; **fare una partita** to play a game

partito party

parzialmente partially

passạggio passage, flow; **di passạggio** on one's way

passante *m.* and *f.* passerby

passapọrto passport

passare to pass, to flow, to go through, to spend (*time*)

passatęmpo pastime, hobby

passato past

passeggęro passenger

passeggiare to promenade, to walk

passeggiata walk; **fare una passeggiata** to go for a walk

passeręlla gangplank

passione *f.* passion, love

passo pace, step; **fare un passo** to take a step; **a due passi** a short distance away

pasto meal

pạtria fatherland, birthplace

patrọno patron, patron saint

pazientemente patiently

pazięnza patience; **ci vuole pazięnza** one must be patient

peccato! too bad!

pedone *m.* pedestrian

pęlle *f.* skin, leather

pellegrino pilgrim; **Monte Pellegrino** *a rocky mountain that dominates the Palermo harbor*

pellịcola film

pena pain; **valere la pena** to be worth while

pendęnte leaning

pendice *f.* slope

pęndolo pendulum

penetrante penetrating

penịsola peninsula

pennello painter's brush

pensare (a) to think about; **ci penso io** I'll take care of it; **è meglio non pensarci** it is better not to think about it

pensiero thought

pensione *f.* boarding house; **in pensione** at the boarding house

per for, in order to, through, by, on, as: because of

perché because, why

perciò therefore

percorrere to travel, to travel on

perdere to lose

perfettamente perfectly

perfetto perfect

perfino even

Peri, Jacopo (1561–1633) *Italian composer*

pericolo danger

pericolosamente dangerously

pericoloso dangerous

periferia periphery, suburbs

periodo period

permettere to permit, to allow, to let, to entitle; **permettersi** to afford

però however, but

persiana shutter, blind

perso (*past part. of* **perdere**) lost

persona person

personaggio character

personale personal

Perugia *a city in central Italy*

pesca subacquea underwater fishing

pescatore *m.* fisherman

pesce *m.* fish

peso weight

pestilenza plague

petalo petal

Petrarca, Francesco (1304–1374) *Italian lyric poet*

petrolio oil

piacente charming, pleasing

Piacenza *a city in the Po valley*

piacere to please, to be pleasing; *m.* pleasure; **fare piacere a** to please; **fa piacere** it is a pleasure; **piacere!** how do you do! pleased to meet you!

piacevole pleasant, pleasing

piano floor; **al pian terreno** on the ground floor

pianoforte *m.* piano

pianta map *(of city or roads);* plant, tree

pianura plain; **in pianura** level

piatto plate, dish

piazza square

Piazzale Michelangelo *m. large open terrace overlooking Florence*

piazzetta little square

piccolo small, little; **in piccolo** on a small scale

piede *m.* foot; **ai piedi di** at the foot of; **a piedi** on foot; **in piedi** standing

Piedigrotta: la Madonna di Piedigrotta *a church in Naples;* **la Festa di Piedigrotta** *a festival held each year before the said church*

Piemonte *m.* Piedmont *(a region in northern Italy)*

piemontese Piedmontese

pien *(poetic)* = **pieno**

pieno full

pietra stone

Pietro Peter

pinacoteca picture gallery; **Pinacoteca di Brera** *an art gallery in Milan*

pino pine tree

pio pious, placid

pioggia rain

piovere to rain

piroscafo ship; **in piroscafo** by ship

pirotecnico pyrotechnic; **spettacolo pirotecnico** display of fireworks

Pisa *a city in Tuscany*

pista landing strip, track

Pistoia *a city near Florence*

pittore *m.* painter

pittoresco picturesque

pittura painting

più more, most, any longer; **di più** more; **sempre più** more and more; **sempre più giù** lower and lower

piuttosto rather

plebiscito plebiscite

Plebiscito: Piazza del Plebiscito *a square in Naples*

Pọ *the largest river in Italy*

pọ *form of* **pọco; un pọ' di** a little

pọco little (*pl.* few); **fra pọco** soon, in a little while; **a pọco a pọco** gradually, little by little; **pọco fa** a little while ago; **per pọco non** almost, nearly

poẹma *m.* poem

poesia poem; poetry

poẹta *m.* poet

poẹtico poetic

pọi moreover, then, after, later; **o prima o pọi** sooner or later

poichè since, for

policromia polychromy

polifonia polyphony

poligonale polygonal

polịtica politics

politicamente politically

polịtico political

pollo chicken

poltrona armchair

pomerịggio afternoon

pomodọro tomato

Pompẹi *f.* Pompeii (*ancient city near Naples, which was completely buried by an eruption of Vesuvius in the year 79 A.D.*)

ponte *m.* bridge, deck; **Ponte a Santa Trịnita** Holy Trinity Bridge (*a bridge in Florence*)

pontifịcio pontifical, papal

popolare popular

popolato di filled with

popolazione *f.* population

pọpolo people

pọrgere to hold out, to offer

pọrta door, grate (*of city*)

portare to bring, to carry, to take, to bear; **è portato a** leans towards (*is attracted by*)

portasigarette *m.* cigarette case

pọrtico arcade, portico

portiẹre *m.* janitor, superintendent

pọrto harbor, port

portoghese Portuguese

portone *m.* door, main entrance of building

posare to put down, to place

poscritto P.S.

Posịllipo *f. a suburb of Naples*

posizione *f.* position

pọssa (*pres. subj. of* **potere**) we can, we may

possịbile possible

possibilità possibility

possiẹde (*pres. ind. of* **possedere**) has

pọsso (*pres. ind. of* **potere**) I can, I may

pọssono (*pres. ind. of* **potere**) they (you) can, may

pọsta mail

postẹggio parking lot

posto place, room, seat; **un posto a sé** a special place

potẹnza power

potenziale potential

potere to be able to, can; **avrẹi potuto** I could have; *m.* power

potrai (*fut. of* **potere**) you will be able to

potrẹbbe (*cond. of* **potere**) could, might

pranzare to have dinner, to dine

pranzo dinner

praticare to practice

praticẹllo patch of lawn, tiny meadow

pre-Appennino *a minor range of the Apennines, west of the Apennines proper*

precedẹnte preceding

precẹdere to precede

preciso exact, precise

precursore *m.* forerunner

preferire to prefer

preferito favorite

pregare to pray, to beg

pregiudịzio prejudice

prẹgo you are welcome, please

prẹmio prize

prẹndere to take, to get; **passerọ a prẹnderti** I'll pick you up

preoccuparsi to worry

preparare to prepare

preparazione *f.* preparation

prese (*past abs. of* **prẹndere**) took

presentare to present, to offer

presentazione *f.* introduction, presentation

presènte *adj.* present; **tenere presènte** to bear in mind; *n.* bystander
presèpio Nativity Scene
preso (*past part. of* **prèndere**) taken
pressappòco approximately, about
prèsso *adv.* near, at, in the house of, care of *(on envelope)*; *m.pl.* vicinity
prestare to loan, to lend
prèsto early, soon; **al più prèsto possibile** as soon as possible
prettamente purely
prevalentemente mainly, largely
prevalènza predominance
prevedere to foresee
preziosità preciousness
prigionièro prisoner
prima (di) before, sooner; **pòco prima** a little earlier; **prima o pòi** sooner or later
primavèra spring
primaverile of the spring
primo first; **i primi di settèmbre** early in September
principale principal, main
principalmente mainly
principato principality
principe *m.* prince
principio beginning, principle
privato private
probabilmente probably
problèma *m.* problem
problemàtica problem, quandary
procèdere to proceed
processione *f.* procession
prodotto product (*past part. of* **produrre**) produced
produce (*pres. ind.*, **produrre**) produces
producèndo (*gerund of* **produrre**) producing
produrre to produce
produzione *f.* production
profano, profane, secular
professionale professional
professione *f.* profession
professionista *m.* professional
professore *m.* professor
profondo deep, profound
profusione *f.* profusion

programma *m.* program; **non hò nիènte in programma** I have no plans
progredire to progress, to advance
progrèsso progress; **fare progrèssi** to progress, to make progress
proibire to prohibit
prolungato long
promessa promise; **mantenere la promessa** to keep one's word
Promessi Spòsi (The) Betrothed, *a novel by Manzoni*
promesso (*past part. of* **promèttere**) promised
promettènte promising
promèttere (di) to promise
promòsso (*past part. of* **promuòvere**) promoted
pronto ready, hello *(over telephone)*
pronunciare to utter
propagandìstico propagandistic
proporre to propose
proporzionato proportionate, proportioned
propòsito purpose, intention, **cambiare propòsito** to change one's mind; **a propòsito** by the way; **a propòsito di** speaking of
proprietàrio owner
pròprio *adj.* own, one's own, his (her, its, your) own; **un pròprio parlamento** a parliament of its own; *adv.* exactly, right, just, really, indeed
pròsa prose
prosatore *m.* prose writer
prosciutto ham
proseguire to continue
pròspero prosperous
prospettiva perspective, foreshortening
pròssimo, next
protagonista *m.* and *f.* advocate
protèggere to protect, to shield
protèsta protest
protestante protestant
protètto (*past part. of* **protèggere**) protected
protettore protecting, patron

protòtipo prototype

provare to try, to sample, to experience

provèrbio, proverb, saying

provìncia province

provvisto provided, supplied

pubblicità publicity, advertising

pùbblico *adj.* public; *n.* audience

Puccini, Giàcomo (1858–1924) *Italian composer, author of the operas "La Tosca," "La Bohème," "Madame Butterfly," and others.*

pugilato boxing

Pùglie *f.pl.* Apulia *(region in southern Italy)*

pugno fist

Pulcinèlla *m.* Punch

pulire to clean

punta tip

punto *n.* point; **in punto** on the dot; *adv.* at all

può *(pres. ind. of* **potere)** can, may

puòi *(pres. ind. of* **potere)** you can, you may

pupo puppet

pur *(form of* **pure)** although

purgatòrio purgatory

Q

quà here **di quà e di là** here and there

quadrato square

quadro picture, painting

qualche some, any, a few

qualcòsa something, anything

qualcuno someone, somebody, anyone, anybody

quale such as, which, which one, what, as a

qualsìasi any, whatever

quando when; **da quando** since, from the time

quanto how much, so much, as much as, what; **quanto è bèlla** how beautiful it is

quaranta forty

quartière *m.* district, section

quarto fourth

quasi almost

quassù up here

quattòrdici fourteen

Quattrocènto fifteenth century

quèl *(form of* **quello);** **di quèl che** than

quello that, that one

questo this, this one

qui here; **di qui** from here

quiète *f.* quiet, calmness

quindi therefore, then

quindicèsimo fifteenth

quinto fifth

quòta altitude, elevation

quotidiano daily

R

racchiùdere to enclose

racchiuso *(past. part. of* **racchiùdere)** enclosed, closed

raccòlse *(past abs. of* **raccògliere)** gathered

raccomandare to recommend; **mi raccomando** I beg you

raccontare to tell about, to relate

racconto story, short story

radice *f.* root

ràdio *f.* radio

Raffaèllo Raphael (1483–1520) *Italian painter of the Renaissance*

ragazza girl, young woman

ragazzo boy, young man

raggiùnsero *(past abs. of* **raggiùngere)** reached, attained

raggiunto *(past part. of* **raggiùngere)** to reach

ragione *f.* reason; **avere ragione** to be right

rallentare to slow down

rammentare to mention, to remind, to resemble

rapidamente rapidly

rapidità rapidity

ràpido express train, faster than the **direttìssimo,** and stops only at certain important cities

rapporto relation

rappresentante *m.* and *f.*
representative, agent
rappresentare to represent, to depict
rappresentativo representative
rappresentazione *f.* representation,
performance
raro rare
rassegna review, list
Ravenna *city on Adriatic coast; seat of*
Byzantine art in Italy
razza race
re *m.* king
reagire to react
realistico realistic
realtà reality
reazione *f.* reaction
recarsi to go
recente recent
recentemente recently
recitare to recite
recitativo recitative
Redentore *m.* Redeemer
regalare to give *(as a present)*
regata regatta, boat parade
Reggio Calabria *f. a city in Calabria*
regina queen; **Regina dell'Adriatico**
Queen of the Adriatic *(a name often*
given Venice, once the ruler of the
Adriatic Sea)
regione *f.* region
regista *m.* director *(of movies)*
regno rule, reign, kingdom
relativamente relatively
religione *f.* religion
religioso religious
remoto remote
rendere to render, to make (of)
reparto department, section
repubblica republic
repubblicano republican
reso *(past part. of* **rendere**) made
responsabile responsible
responsabilità responsibility
restare to remain, to stay, to be left;
non mi resta molto tempo I haven't
much time left
resto rest; **del resto** after all
rete *f.* net, network

retrostante behind
riacquistare to acquire again
riallacciarsi to link, to go back
riaperto *(past part. of* **riaprire**)
reopened
riassunto summary
riattaccare (il ricevitore) to hang up
(the receiver)
ribalta footlights
ricamare to embroider
ricambiare to exchange, to return
ricamo embroidery, lacework
riccamente richly
ricchezza wealth
Riccione *f. resort on Adriatic Sea*
ricco (di) rich (in)
ricerca research, search
ricercato refined
ricevere to receive, to get
ricevitore *m.* receiver
richiedere to ask again, to require
ricominciare to begin again
riconoscenza gratitude
riconoscere to recognize
ricordare to remember, to recall, to
mention
ricordo souvenir
ricostruire to rebuild
ricostruzione *f.* reconstruction
ridere to laugh, to smile
ridotto reduced
rientrare (in) to come (within)
riesce *(pres. ind. of* **riuscire**) succeeds;
non mi riesce ricordare I can't
remember; **non gli riesce** he cannot
succeed
rievocare to revoke, to recall
riferirsi to refer (to)
rifiutare to refuse
riflettere to reflect
riforma reform
riformatore *m.* reformer
rifugio shelter
rigidità rigidity, stiffness
Rigoletto *one of Verdi's best-known operas*
rimanere to remain, to be (left)
rimangono *(pres. ind. of* **rimanere**)
remain

rimase (*past abs. of* **rimanere**) remained
rimasto (*past part. of rimanere*)
  remained, been
Rimini *f. seaside resort town on Adriatic
  Sea*
rimpiazzare to replace
rinascimentale of the Renaissance
rinascimento rebirth, renaissance
Rinascimento Renaissance
rinascita rebirth
rincorrere to run after, to pursue
rinfrescare to refresh, to cool off
ringhiera railing
ringraziare to thank
rinnovare to renew
rinnovato renewed
rio brook
rionale of a section of town; **centro
  rionale** central (shopping) meeting
  place
rione *m.* district, section
riparare to protect, to shield
ripartire to leave again
ripassare to pass by again, to call again
ripensare to think back
ripetere to repeat
ripetutamente repeatedly
ripieno stuffed
riportare to bring back, to take back
riposare to rest
riposo rest
riprendere to take again
ripresa rebirth
riprovare to try again
ripulire to clean, to restore
risalgono (*pres. ind. of* **risalire**) go back
risalire to go back
risata laughter
riscontrare to encounter, to find
riscrivere to write again
risiedere to reside, to be
risolto (*past part. of* **risolvere**) solved
risolvere to solve
Risorgimento *period of Italian wars of
  independence (nineteenth century)*
risorto (*past part. of* **risorgere**) reborn,
  arisen
risotto *a rice dish*

rispecchiare to reflect, to mirror
rispettivamente respectively
rispetto respect, way
rispondere to answer, to reply
risposero (*past abs. of* **rispondere**)
  replied
risposta reply
ristorante *m.* restaurant
risultato result, outcome
risuonare (di) to resound (with)
risvegliarsi to awaken
risveglio reawakening
ritengono (*pres. ind. of* **ritenere**) retain
ritirare to withdraw, to get
ritmo rhythm
rito rite
ritornare to return, to come *or* to go
  back
ritorno return; **fare ritorno** to return;
  al ritorno on the way back
ritratto portrait
ritrovo meeting place
riunirsi to meet
riuscire (a) to succeed (in)
riva shore
rivedere to see again
rivelare to reveal, to manifest
rivelazione *f.* revelation
riversarsi to gather, to converge
riviera coast; *name of the coast east and
  west of Genoa;* river
rivista magazine, review, journal
rivolgersi to turn
rivolgimento upheaval
rivoluzionare to revolutionize
rivoluzionario revolutionary
rivoluzione *f.* revolution
Roberto Robert
robusto robust, brawny
roccioso rocky
Roma Rome
romanico Romanesque
romano Roman; **alla romana** Roman
  style
romanticismo romanticism
romantico romantic
romanzo *adj.* romance; *n.* novel
rombo rumble

Rosalia Rosalie

roseo rosy

Rossini, Gioacchino (1792–1868)
*Italian composer, author of "The Barber
of Seville," "William Tell," etc.*

rosso red

rovina ruin

rumeno Rumanian

ruota wheel

S

sa (*pres. ind. of* **sapere**) knows, you
know, **non si sa mai** one never
knows

sabato Saturday

sabbia sand

s'accomodi (*pres. subj. of* **accomodarsi**)
please sit down, make yourself
comfortable

sacrificare to sacrifice

sacro sacred

sagra festival

sai (*pres. ind. of* **sapere**) you know

sala hall, room; **sala da concerto**
concert hall; **sala da pranzo** dining
room

Salerno *f. coastal city south of Naples*

salgono (*pres. ind. of* **salire**) climb, go
up

salire to go up, to climb, to get on

salotto living room

salsa sauce

saltimbocca *m.* "jump-into-my-
mouth", *a dish consisting of veal,
prosciutto (ham), and sage*

salutare to greet, to give one's regards;
salutami i tuoi best regards to your
family

salute *f.* health

saluto greeting, regard; **saluti cordiali**
cordially yours, best regards

salvo except (for)

san *form of* **santo**

San Marino *f. little independent republic
in northern-central Italy*

sano wholesome

San Petronio *a church in Bologna*

Santa Maria delle Grazie *a church in
Milan*

santo saint, holy; — **Cielo!** Goodness!

santuario shrine

sapere to know; **fammi sapere** let me
know; **ho saputo** I learned, I found
out

sapore *m.* flavor, taste

sappiamo (*pres. ind. of* **sapere**) we
know

saprà (*fut. of* **sapere**) will know,
probably know(s)

saprai (*fut. of* **sapere**) you will know,
you probably know

saraceno Saracen

saranno (*fut. of* **essere**) will be

Sardegna Sardinia (*large Italian island*)

sarebbe (*cond. of* **essere**) would be

sarei (*cond. of* **essere**) I would be

saremo (*fut. of* **essere**) we shall be, we
will be

sarò (*fut. of* **essere**) I will be

sarta dressmaker

sarto tailor

sasso stone, rock

Savoia Savoy

sbagliarsi to be mistaken, to be wrong

sbarcare to land

sboccare to end, to empty (*of body of
water*)

scala stairway; **le scale** stairway, steps

scalata climbing

scalinata flight of steps, stairway

scambiare to exchange, to mistake (*a
person for another*)

scambio exchange

scappata: fare una scappata to take a
quick trip

Scarlatti, Domenico (1685–1757)
Italian composer

scarpa shoe

scavo excavation

scegliere to choose

scelta choice

scelto (*past part. of* **scegliere**) chosen

scena scene

scendere to descend, to go down, to
get off

scherma fencing
scherzare to joke
schizzo sketch
Schoenberg, Arnold (1875–1951)
  Austrian composer
sci *m.* skiing; **sci d'acqua** water skiing
sciare to ski
scientifico scientific
scienza science
scienziato scientist
scintillante sparkling
sciopero strike
Sirocco Sirocco *a hot wind that blows
  north from the Sahara desert*
sciuscià *m.* shoeshine boy
scolasticismo scholasticism
scolastico scholastic; **anno scolastico**
  school year
scolpire to sculpture
scomparire to disappear
scomparso (*past part. of* **scomparire**)
  disappeared
scompartimento compartment
sconosciuto unknown
scoperta discovery
scoperto (*past part. of* **scoprire**)
  uncovered, with the top down (*of a
  car*)
scopo purpose
scoppio explosion
scoprire to discover
scorso last, past
scossa jolt
scrisse (*past abs. of* **scrivere**) wrote
scrissero (*past abs. of* **scrivere**) wrote
scritto (*past part. of* **scrivere**) written
scrittore *m.* writer
scrivere to write; **macchina da scrivere**
  typewriter
scultore *m.* sculptor
scultura sculpture
scuola school; **scuola d'avviamento**
  vocational school; **Scuola Materna**
  kindergarten; **Scuola Media Unica** *a
  pre-University secondary school;* **Scuola
  Magistrale** Normal School; **scuole
  medie** secondary schools
scusare to excuse

scusi (*pres. subj.; polite command form*)
  excuse me, pardon me
sdraiato stretched out, lying down
se if, whether
sé himself, herself, yourself; **fra sé** to
  himself, etc.; **in sé stesso** in itself
sebbene although
Secentismo *a literary term applied to
  seventeenth century literature*
secolo century
secondario secondary
secondo second
secondo according to
sede *f.* seat
sedere to sit; **sedersi** *or* **mettersi a
  sedere** to sit down
sedicesimo sixteenth
seduto seated
segnalare to signal
segnare to mark
segno sign, signal
segretaria secretary
segreteria registrar's office
seguente following
seguire to follow, to take (*a course*);
  fare seguire to forward
sei (*pres. ind. of* **essere**) you are
sei six
Seicento seventeenth century
selezione *f.* selection
Selinunte *f. a town in Sicily, famous for
  its Greek ruins*
semaforo traffic light
sembrare to seem
semestre *m.* semester
semitropicale semitropical
semplice simple
semplicemente simply
sempre always, still
sen (*poetic form of* **se ne**) **sen va** goes on
  her way
senso sense, respect
sentendosi = **sentendo** (*gerund of
  sentire plus si*) hearing herself
sentimento feeling, sentiment
sentire to feel, to hear, to listen; **sentire
  dire** to hear; **sentire parlare di** to
  hear about

268

senza without
senz'altro undoubtedly
separare to separate
sepolto (*past part. of* **seppellire**) buried
sera evening; **la sera** in the evening
serata evening (*descriptive*)
sereno serene, clear
seriamente seriously, earnestly
serie *f.* series
serio serious
serva maid; **la Serva Padrona** the Maid as Mistress
servo servant
servire to serve; **servirsi** to make use, to utilize
servizio service; **fare servizio** to ply
sessione *f.* session
sesto sixth
sete *f.* thirst; **avere sete** to be thirsty
Settecento eighteenth century
settembre *m.* September
settentrionale northern, of the north
settimana week; **una volta alla settimana** once a week
settimanale weekly
settimo seventh
settore *m.* sector
Severini, Gino (1883–1966) *Italian painter*
sezione *f.* section
sfogliare to turn the pages of
sfortunatamente unfortunately
sforzo effort
sfumatura nuance
sguardo glance, look
si himself, herself, itself, themselves
sì yes, (*poetic of* **così**) such, so
sia (*pres. subj. of* **essere**) is; **sia . . . che** *or* **come** both . . . and; **sia che . . . sia che** whether . . . or
siamo (*pres. ind. of* **essere**) we are
siate (*pres. subj. of* **essere**) you are
siccome since
Sicilia Sicily (*largest of the Italian islands*)
siciliano Sicilian
sicurezza assurance
sicuro sure, certain

siede (*pres. ind. of* **sedere**) sits, you sit
siedono (*pres. ind. of* **sedere**) sit
siepe *f.* hedge, bush
sigaretta cigarette
sigla acronym
significare to signify, to mean
significato meaning
signora lady, Mrs.
signore Mr., sir, gentleman, lord; **signori** ladies and gentlemen
Signoria *a Renaissance form of Italian city government*
signorina Miss, young lady
silenzio silence
silenzioso silent
simbolo symbol
simile similar
Simone Martini (1283–1344) *Sienese painter*
simpatico charming, pleasant
sincero sincere, pure
sindacato labor union
sinfonia symphony
sinfonico symphonic
singolare singular, unusual
singolo single, individual
sinistro: a sinistra to the left
sistema *m.* system
sistemarsi to get settled
situato situated, located
situazione *f.* situation
Siviglia Seville, *a city in Spain*
smaltato enameled
smesso (*past. part of* **smettere**) stopped
smettere to stop
so (*pres. ind. of* **sapere**) I know
soave gentle, sweet
sobborgo suburb, outskirts
sociale social
socialista socialist
società society
soddisfatto (*past part. of* **soddisfare**) satisfied
soggetto subject, topic
soggiorno sojourn, stay
sognare to dream; **nemmeno si sognano** do not even think
solamente only

solare of the sun; **macchie solari** sun spots
soldato soldier
soldo penny; **soldi** money
sole *m.* sun
solido solid
solistico for a single performer
solitario *adj.* solitary, alone; *n.* a solitary person, an isolated case
solito usual; **di solito** usually
solo alone, only, single; **da solo** alone, by himself
soltanto only
soluzione *f.* solution
somigliare, somigliarsi to resemble (each other), to look like
sommario summary, brief
sommergibile *m.* submarine
sommo supreme, greatest
sonata sonata
sonetto sonnet
sonnolenza sleepiness
sono (*pres. ind. of* **essere**) am, are
sopra on, upon; **di sopra** above
soprappeso excess weight
soprattutto above all
sopravvivere to survive
sorella sister
sorgere to rise, to appear; *m.* rising, birth
sormontare to surmount
sorpassare to pass, to overtake
sorprendere to surprise
sorpresa surprise; **fare una sorpresa (a)** to surprise
sorpreso (*past part. of* **sorprendere**) surprised
sorrentino of Sorrento
Sorrento *f. a town on the gulf of Naples*
sorridere to smile
sorse (*past abs. of* **sorgere**) arose, was born
sorte *f.* fate
sorvegliare to watch, to watch over
sorvolare to fly over
sospirare to sigh
sospiro sigh
sotto under, underneath, below

sovrumano supernatural
Spagna Spain
spagnolo *adj.* Spanish; *n.* Spaniard
spalla shoulder
sparire to disappear
sparo shot
spazio space
spazzare to sweep
specchio mirror
speciale special
specialità specialty
specializzato specialized, special
specializzazione *f.* specialization
specialmente especially
specie *f.* kind
specifico specific
spedizione *f.* expedition
spengere to extinguish, to turn off; **le luci si spengono** the lights are turned off
speranza hope
sperare to hope; **speriamo bene** let us hope for the best
sperduto lost
sperimentale experimental
spesa: fare la spesa to go shopping, to shop
spesso *adj.* thick; *adv.* often
spettacolare spectacular
spettacolo spectacle, sight, performance, show
spettare to belong
spettatore *m.* spectator
Spezia (la) *a city on Tyrrhenian coast north of Pisa; a military port*
spiaggia beach
spiccare to stand out
spiccato pronounced
spiedo spit; **allo spiedo** on the spit
spiegare to explain
spiegazione *f.* explanation
spingere to push; **spingersi al largo** to go out to sea
spirare to breathe, to inspire
spirito spirit, ghost; **Santo Spirito** Holy Ghost
spiritoso whitty; **fare lo spiritoso** to try to be funny

spirituale spiritual
splẹndido splendid
splendore *m.* splendor
Spoleto *f. a city in central Italy*
spọrt *m.* sport
sportẹllo window *(at bank, etc.)*, door *(of train, etc.)*
sportivo *adj.* pertaining to sport; *n.* sportsman
sposalịzio wedding; **Sposalịzio della Vẹrgine** Wedding of the Virgin Mary
sposare to marry
spostarsi to move, to be transferred
spronare to spur
spuntare to peep, to appear
spunto cue, suggestion
squadra team
squillare to ring
squisito exquisite, delicious
stabilire to establish; **stabilirsi** to settle, to get settled
staccare to detach
stạdio stadium
stagione *f.* season; **di stagione** in season; **stagione lịrica** opera season
stalla stable
stamani this morning
stampare to print, to publish
stanco tired
stanno *(pres. ind. of* **stare***)* stay, remain, stand
stanza room
stare to be, to say, to live; **stare per** to be about to; **non starọ a . . .** I shall not . . . ; **starsene** to remain, to stay
stasera this evening, tonight
staterello little, insignificant state
Stati Uniti *m.pl.* United States
stato *(past. part. of* **ẹssere***)* been; *n.* state, government
stạtua statue
statura size, height
stazione *f.* station; **stazione di servịzio** service station
stella star
stẹndere to stretch, to extend
sterminato endless, very large

stesso same, very, himself, herself, itself
stile *m.* style
stima esteem
stivale *m.* boot
stọria history
stọrico *adj.* historical; *n.* historian
strada street, road, way
stradale of the road; **carta stradale** road map
straniẹro *adj.* foreign; *n.* foreigner
strano strange
straordinạrio extraordinary
stratẹgico strategic
strettamente closely
stretto *adj.* narrow; *n.* strait
strịngere *(lit.* to squeeze*)* to shake
strịscia stripe
Strọmboli *m. a volcano on a small island of the same name off the northern coast of Sicily*
strumentale instrumental
strumento instrument
struttura structure
studẹnte *m.* student
studentesco of, pertaining to students
studiare to study
stụdio study, studio
studioso scholar
stupẹndo stupendous, wonderful
su on, above, over, up
sụbito at once, immediately
succẹdere to happen
successione *f.* succession
succẹsso *(past. part. of* **succẹdere***)* happened; *n.* success
successore *m.* successor
succinto succinct
sud *m.* south; **al sud** to the south
suddivisione *f.* subdivision
suddiviso *(past part. of* **suddivịdere***)* subdivided
suggerire to suggest
suggestivo evocative
sugli = su + gli
sui = su + i
sul = su + il
sull' = sul + l'

sulla = su + la
sulle = su + le
sullo = su + lo
suo his, her, hers, its; **Suo** your, yours;
    tutto suo all his (her, *etc.*) own,
    special
suoi (*pl. of* **suo**) his, her, hers, your,
    yours
suola sole (*of shoe*)
suolo soil
suonare to play (*instrument*)
suono sound
superficiale superficial
superficie *f.* area
superiore superior
supremo supreme
suscitare to arouse
svago amusement, diversion
svegliare to awaken, to wake up
Svevia Swabia
svilupparsi to develop
sviluppato developed
sviluppo development
svolgere to unfold; **svolgersi** to unfold,
    take place

T

tabacco tabacco
tagliare to cut
tale such; **un tale . . .** such a . . .
tamburino drummer
tanto so, much, so much; **ogni tanto**
    once in a while; **tanto d'inverno**
    quanto d'estate in winter as well as
    in summer
Taormina *a small city on eastern coast of*
    Sicily
tappeto carpet, rug
tardi late; **più tardi** later
tardo late
targa sign, plaque
tartaruga tortoise
tasca pocket
tassa tax, fee
tassì *m.* taxi
tavola table

tavolino little table
te you, to you, yourself
teatro theater; **Teatro della Scala**
    famous opera house in Milan
tecnica technique
tecnico technical
tecnologico technological
tedesco German
telefonare to telephone
telefono telephone; **al telefono** on the
    telephone
telegiornale *m.* television news
telegrafia telegraphy; **telegrafia senza**
    fili wireless
telegramma *m.* telegram
telescopio telescope
televisione *f.* television
televisore *m.* television set
temperato temperate
tempio (*pl.* **templi**) temple
tempo time, weather; **quanto tempo?**
    how long? **ai suoi tempi** in his time
temporale *m.* storm
tendere to tend
tendenza persuasion
tenere to keep, to hold; **tenerci (a)** to
    be keen (about), to care
tenero tender
tenore *m.* tenor
tentare to try, to attempt
Teresa Therese
terme *f.pl.* baths; **Terme di Caracalla**
    ancient Roman baths
terminato finished
termine *m.* term, end
terminologia terminology
termometro thermometer
terra earth
terremoto earthquake
terreno terrain, soil
territoriale territorial
terrorismo terrorism
terroristico terroristic
terzo third
tesi *f.* thesis
tessuto textile, fabric
testamento testament
testimone *m.* and *f.* witness

tẹsto text
tetto roof
Tẹvere *m.* Tiber River
ti you, to you, yourself
tiẹni! (*imperative of* tenere) here! take this
tifoso "fan"
tịmido shy
Tintoretto (1518–1594) *Venetian painter*
tintoria cleaner's shop
tịpico typical
tipo type
tipọgrafo printer
tirare to blow (*of wind*); to pull, to draw
Tirrẹno Tyrrhenian (*sea*)
Tito (*emperor*) Titus (39–81 A.D.)
Titta, Ruffo (1871–1953) *Italian operatic bass*
Tiziano Titian (1477–1576) *Venetian painter*
toccare to touch
tọlgono (*pres. ind. of* tọgliere) remove, take away
tomba tomb
tondo round
tọno tone
Torino *f.* Turin (*industrial city in the Po valley*)
tornare to return, to come back
torre *f.* tower
torta cake
tortellini *m.pl. snail-shaped bits of dough filled with special stuffing*
Toscana Tuscany (*region in central Italy*)
toscano Tuscan
totalmente totally
tra among, between, within, in
tracciare to outline
tradizionale traditional
tradizione *f.* tradition
traduzione *f.* translation
trạffico traffic
tragẹdia tragedy
traghetto ferry, ferryboat
trạgico tragic
tragitto trip

tram *m.* streetcar, trolley
trama plot, subject
tramontare to set (*of sun or moon*)
transizione *f.* transition
Trạpani *f. a city on western coast of Sicily*
trasferire to transfer
trasformazione *f.* transformation
trasmesso (*past part. of* trasmẹttere) broadcast, transmitted
trasportare to transport, to lead, to take, to bring
trattare to deal with
tratterrà (*fut. of* trattenere *or* trattenersi) will stay
tratto stretch; ad un tratto suddenly, all of a sudden; *past part. of* trarre to draw
trattoria inn, restaurant
traversare to cross
Trecẹnto fourteenth century
tredicẹsimo thirteenth
tremando (*gerund of* tremare) trembling
tremare to tremble
trẹno train; in trẹno on the train
Trẹvi: Fontana di Trẹvi *a large fountain in Rome*
tributo tribute
trimẹstre *m.* trimester
trionfare to triumph
tristezza sadness
tropicale tropical
trọppo too, too much
trovare to find, to meet; trovarsi to be found, to be, to happen to be
tu you; dare del tu to address as "tu"
tuo your, yours
tuọi (*pl. of* tuo) your, yours
turismo tourism
turista *m.* and *f.* tourist
turno turn
tuttavia nevertheless, just the same
tutto all, entire, whole, everything; tutto *plus def. art* = the whole; del tutto completely; tutti everybody; tutti e due both
tuttora even now

U

Ubaldo Ubaldus
ufficialmente officially
ufficio office
ultimo last, far, latest; **quest'ultimo** the latter
umanista humanist
umano human
Umbria *a region in central Italy*
umbro Umbrian *(ancient inhabitant of central Italy)*
umiltà humility
un, uno, una, un' a, an, one
undicesimo eleventh
undici eleven
unicamente exclusively
unico unique; **senso unico** one way
unificare to unify, to unite
unificazione *f.* unification
uniformità uniformity
unità unity
unito united
universale universal
università university
universitario of the university
uno one, a, an
uomini *(sing.* **uomo***)* men
uomo *(pl.* **uomini***)* man
urbano urban
Urbino *f. a city in northern Italy, not far from the Adriatic coast*
usare to use
uscire to go out, to exit
uscita exit
uso use
utile useful
uva grapes

V

va *(pres. ind. of* **andare***)* goes
vacanza vacation; **in vacanza** on vacation
vada *(pres. subj. of* **andare***)* go
vado *(pres. ind. of* **andare***)* I go, I am going

valere to be worth
valigia suitcase
valle *f.* valley
vandalo Vandal
vanno *(pres. ind. of* **andare***)* go
vapore *m.* steamboat
vaporetto small streamer, ferryboat
variare to vary
varietà variety
vario varied, various
vaso vase
vassoio tray
vasto vast
vecchio old
vedere to see; **fare vedere** to show
vedrà *(fut. of* **vedere***)* will see
vedrai *(fut of* **vedere***)* you will see
vedremo *(fut. of* **vedere***)* we shall see
veduta view, sight
vegetazione *f.* vegetation
veicolo vehicle
veloce fast, speedy
velocemente fast, rapidly
vendita sale
Venere Venus
veneto Venetian, *n.* Venetian region
Venezia Venice
veneziana Venetian
venga *(pres. subj. of* **venire***)* come
vengo *(pres. ind. of* **venire***)* I come
vengono *(pres. ind. of* **venire***)* they come
venire to come; **venire** + *past part.* = to be + *past part., for example:* **le canzoni vengono cantate** the songs are sung
venni *(past abs. of* **venire***)* I came
ventaglio fan
venti twenty
ventisette twenty-seven
vento wind
venuto *(past part. of* **venire***)* come
veramente actually, as a matter of fact, truly, certainly
verde green
Verdi, Giuseppe (1813–1901) *Italian operatic composer, author of "Aida," "Rigoletto," "Otello," etc.*
verificare to verify

vero true, real; **vero e proprio** real, true; **tanto è vero che** so much so that; **vero?** is that right? isn't that right?

Veronese, Paolo Caliari (1528–1588) *Venetian painter*

versione *f.* translation

verso *n.* verse; toward, towards, around (*of time*)

vescovo bishop

veste *f.* dress, robe, gown

vestigio (*pl.* **le vestigia**) remain

vestire to dress; **vestire di rosso** to dress in red

vestito suit; **vestiti** clothes

vestuto (*obsolete for* **vestito**) dressed

Vesuvio Vesuvius (*a volcano in the bay of Naples*)

vetrata a colori stained glass window

vetrina window (*of store*)

vetro glass

vetta peak, top

vettura coach, car

vi you, to you; *adv.* there

via *adv.* away; **e così via** and so on; *n.* street, road

viaggiare to travel

viaggiatore *m.* traveler

viaggio trip, journey, voyage; **buon viaggio!** have a nice trip, bon voyage! **in viaggio** traveling; **viaggio di ritorno** return trip; **fare un viaggio** to take a trip

Viareggio *f. a city and beach resort near Pisa*

vicenda vicissitude

vicino (a) near, near by

Vico, Giambattista (1668–1744) *Italian philosopher*

viene (*pres. ind. of* **venire**) comes, you come

vieni (*pres. ind. of* **venire**) you come

vigile *m.* policeman

vigore *m.* vigor

vigoroso vigorous

villa villa, private house; **Villa Borghese** *a large park in Rome*

villeggiatura (*summer*) vacation; **in**

villeggiatura on a vacation (*originally at the "villa" country house*)

villino bungalow

Vincenzo Vincent

vincere to win

Vinci *f. small town near Florence; birthplace of Leonardo*

vincitore *m.* winner

vino wine

viola d'amore *a type of viol*

violino violin

violoncellista *m. and f.* cellist

violoncello cello

virtuale virtual

visita visit, inspection; **biglietto da visita** calling card; **fare una visita** to call on, to pay a visit

visitare to visit

visitatore *m.* visitor

vissuto (*past part. of* **vivere**) lived

vista view

visto (*past part. of* **vedere**) seen

vita life; **tenere in vita** to keep alive; *"La Vita Nuova"* a poetic work of Dante Alighieri

vitale vital

vite *f.* grapevine

vitella heifer

Viterbo *f. a city in central Italy*

Vitruvio Vitruvius (*1st century B.C.*) *Roman architect*

Vittorio Emanuele Victor Emmanuel (*king of Italy*)

vittorioso victorious

viva hurrah (for), long live

vivace vivacious, lively

Vivaldi, Antonio (1675–1743?) *Italian composer*

vivamente sharply

vivere to live, to thrive

vivo alive, living

vizioso vicious

vocazione *f.* vocation; **per vocazione** by vocation

voce *f.* voice

vogliamo (*pres. ind. of* **volere**) we want; **vogliamo** *plus inf.* . . . ? shall we . . . ?

voglio (*pres. ind. of* **volere**) I want, I wish

vogliono (*pres ind. of* **volere**) want

voi you

volare to fly

volentieri gladly

volere to want, to wish; **volere dire** to mean; **volerci** to take *(of time);* **avrei voluto** I really wanted, I would have preferred

volgersi to turn to

volo flight

volontà will, willingness

volse (*past abs. of* **volgere**) turned

volta time, volt *(electricity);* **una volta al giorno** once a day; **una volta alla settimana** once a week; **una volta** once, at one time; **ancora una volta** once again; **più volte** several times

voltaggio voltage

voltare to turn; **voltarsi** to turn back; **voltare indietro** to turn back

Vomero *a section of Naples*

vongola a small clam

vorrebbe (*cond. of* **volere**) would want

vorrei (*cond. of* **volere**) I should want, I should like

vostro your, yours

votare to vote

voto vow, vote

vulcano volcano

vuoi (*pres. ind. of* **volere**) you want; **cosa vuoi!** you know how it is!

vuole (*pres. ind. of* **volere**) wants, you want; **cosa vuole!** you know how it is!; **ci vuole** it takes *(of time)*

Z

zia aunt

zoccolo hoof, clog

zona zone

zoologia zoology

Illustration Credits